U0566302

法律研究学生指南

〔美〕杰拉德·布拉德利 著

童海浩 译

A Student's Guide
to the Study of Law

创于1897
商务印书馆
The Commercial Press

Gerard V. Bradley

A STUDENT'S GUIDE TO THE STUDY OF LAW

ISI, 2006

据 ISI出版社 2006年版译出

© The Commercial Press, Ltd. 2024

The copyright of the Chinese edition is granted by Gerard Bradley.

译者导言

越来越多的人认为，不存在为所有人可知的普遍的对错标准，没有独立于某个人或某个社群的客观的对错标准。除了在社交媒体上随处可见的这种观念之外，对普遍的与客观的对错标准更深刻、更系统的挑战可能还在于，"它不断地受到一些重要思想家的攻击，他们告诉我们：道德价值并非自明的（self-evident），或者说，道德价值自身的好或坏无法被证明。仅仅是由于我们'认定'它们如此，它们才是好，它们才是坏；他们告诉我们：与事实不同，道德价值超出了理性思考的范围。因此，除了我们接受它们的决定，道德价值再无其他的根据。任何想要证明它们有客观基础的努力都是意识形态或不自知的矫饰的把戏，因此，我们对它们都应嗤之以鼻"①。可见，这种观念既在日常生活中普及，又得到一些专业人士的支持。它反对普遍的与客观的对错标准，而主张"任何事物都是相对的，任何事物都取决于你是如何看待它的"②。在学术讨论中，这种观念通常被称为"相对主

---

① Ernest Fortin, *Ever Ancient, Ever New: Ruminations on the City, the Soul, and the Church*, ed. Michael Foley（Lanham：Rowman & Littlefield Publishers, 2007）, 205.

② Ernest Fortin, *Ever Ancient, Ever New: Ruminations on the City, the Soul, and the Church*, ed. Michael Foley（Lanham：Rowman & Littlefield Publishers, 2007）, 205.

义"（relativism）。

事实上，作为一种道德观念，相对主义以一种自下而上的方式影响着人们的道德态度。环顾周遭，在关于婚姻、堕胎、安乐死、刑罚、战争等一系列重大社会议题的讨论中，无论是社交媒体的意见表达，还是专业的理论研究，都能或明或暗地看到相对主义广泛而强劲的影响。就法律而言，它同样使得对它的"真正理解"变得更加困难。因为倘若真的如相对主义所认为的，并不存在所谓普遍、客观的道德，那么压根就无所谓"法律的道德根基"。背后的道理也能这么说，即"道德不能成为法律的基础，因为不存在所谓的道德真实"（本书第 8 页）。像是一场观念"地震"，其震波从震源向四周扩散，相对主义这种关于道德的理解方式深刻影响了关于法律的理解方式，并很快在相关的法学研究与法学院课程的具体现实中得到体现。布拉德利（Gerard V. Bradley）教授在本书中的思考虽然以特定地域和人群作为样本，但结论也许适用于如今的很多地方。据其所见，如今的法学研究只关注 laws，也就是"法律内容"或法律条文，而不关注 law，也就是"法律概念"或法律目的、法律背后的理念。究其原因，现有的研究"忽视了这组区别：laws（诸多的法律名目）指构成法律体系之信息的内容；作为一个厚重概念的 law 指为社会生活赋序（order）的某种方式"（第 2 页），从而把前者视作"法律"的全部，几乎全部目光都聚焦于它。进而，这部分地为法学院自我限缩视野提供了理由：以前的学生无法不经认真思考道德就心安理得地认为自己真正理解了法律，但现在法律似乎已经无关道德，于是更多的注意力被转移，而穷究问题的苦恼也得到缓解。身处同样的现代世界，我们当然会对布拉德利教授的观察产生共鸣："法学院能相当系统地教授法律是什么，它们非常出色地传授法规、成文法、判决以及实在法的其他语言表达形式。然而，法学院在解答有关法律的道德根基的疑惑方面却做得不够好：它们没有很好地教授法律来自哪里，法律是为了什么，以及如何在道德上评判法律。"（第2页）不止于此，相对主义的震波还从震源扩散到法律实践领域，其在政治道德上的对应物，就是当代自由主义道德坚持的所谓价值中立教条。受其影响，"我们已经让合意而不是事实或真理来确立法律是为了什么"（第16页），而这进一步导致"立法者近来已笃信，关于人、婚姻、家庭与宗教的真理跟法律毫不相干。他们说，这些善是什么并不重要。最糟的是，道德真理是不相干的这个观念已得到了精心培育"（第16页）。这是因为"我们的立法者已认定，避免纷争是法律首要的目的，尤其是当纷争涉及法律是为了什么之时"（第16页）。显然，仅仅凭借任何人的任何一本书并不能解决所有问题，甚至对任何问题都不会有任何裨益，但乐观地看，它至少能让愈来愈多的人更好地意识到那些问题，更有可能认真地对待它。

　　作为一名从事法学教学与研究数十年的教师，布拉德利教授对现状深感忧虑。与流行意见不同，在他看来，比"法律是什么"更重要的是"法律是为了什么"，因为"这些是'法律的道德根基'，对于真正理解法律而言是至关重要的"（第2页）。而

"除非看到法律与客观的道德目的的联系，否则，我们就无法理解法律"（第8页）。他所撰写的《法律研究学生指南》就是想提醒人们再次注意那些与法律息息相关，却被逐渐遗忘的根本问题，即"法律是为了什么？""法律的目的是什么？"或"法律背后的理念是怎样的？"布拉德利教授试图重新激发或者说恢复人们，特别是法学生的某种道德信念（moral conviction），即"法有其客观道德根基"，并以此重新建立道德与法律之间被打断的那种紧密而复杂的联系。按他本人所说的，就是要"把一个得到批判性证成的道德与对法律实在性的适宜承认结合起来"（第80页）。如今的道德观念、法律研究与法律实践都呈现出强劲的相反力量，这也意味着这项重返常识的工作并不轻松，甚至可能招致很多严厉指责。普林斯顿大学的罗伯特·乔治（Robert George）教授对约翰·菲尼斯（John Finnis）教授的评价某种程度上也适用于此时此刻的布拉德利："在诸多情况下，菲尼斯的观点将他置于自由主义正统的对立面，而这种正统支配了大学和其他处于这种文化中的知识阶层；在较少例子中，他的观点又将他置于如今被称为保守主义立场的对立面。像他的英雄苏格拉底一样（菲尼斯的谦逊会使他严辞拒绝此种类比），他只遵从说理，不管这些说理会导出什么结论，并且他不会因为某个观点与当下智识的、道德的或政治的教条相冲突，就在陈述和辩护这个观点时，有任何的犹豫。"① 有理由想象，在此种特定的学术氛围和社会风

---

① John Keown and Robert George, *Reason, Morality and Law: The Philosophy of John Finnis* (Oxford: Oxford University Press, 2013), 7.

尚面前，布拉德利教授不仅要面对沉重的学术论证负担，而且需要在现实生活中愈发坚定无畏。

布拉德利教授在本书中的基本立场可概括为两点：其一，"法律服务于人，而不是相反"；其二，"从未有人会认为法律不过是对道德的复刻"。（第 3 页）因此，我们就可以理解本书为何把"法律是为了什么：人及其共同体"作为第一章。整体来看，《法律研究学生指南》全书共分为四章，并附带六个也能独立成篇的解释性附录，能清晰地展现以真实案例驱动理论讨论的叙述风格，既挖掘出理论的纵深度，又不丢失现实的亲和感。第一章开宗明义地提出，归根到底，法律所服务的对象是人和有助于人自我成就的共同体。人及其共同体先于法律存在，是所谓的"法外道德真实"，而最能促进人的真正福祉的共同体包括婚姻、以婚姻为其基础的家庭，以及宗教社群（第 24 页）。布拉德利教授把它们作为主题，以美国的法律实践为例，有力地说明了一个世代以来的法律已偏离了其本该服务的那些道德事实。第二章则探讨将法律与社会文化、习俗道德（conventional morality）相互联系的方式，而附录三能够作为这部分内容的重要补充。此外，布拉德利教授还通过反思以奥利弗·温德尔·霍姆斯（Oliver Wendell Holmes）的"坏人论"为典型代表的当代法律现实主义（legal realism），涉足了法律的"双重生命"（法律既是规定性的［prescriptive］，也是描述性的［descriptive］）这块荆棘之地（第 4 页）。第三章论证宗教在美国宪法秩序中的角色及其与客观道德，而非主观道德的关系。在古今比较之中，布拉德利教授认为，美国的宪法传统遭受了一种司法倒转

(judicial inversion)，究其原因，是受到某种道德主观主义，甚或道德怀疑主义的消极影响。第四章论及一个更具体的法律议题，即犯罪与刑罚，其中的所谓"无受害者的不道德行为"入罪，与惩罚的"要旨""目的"或"原理"等问题，是法律问题，但更是道德问题。六篇附录较之本书的前四部分，其内容更精简，也更侧重介绍相关的学术争议，基本覆盖了法哲学研究的重要议题。

　　以法律的目的开篇，并始终把人及其共同体作为理解法律的基点，对于熟悉菲尼斯的里程碑式著作《自然法与自然权利》，或了解格里塞茨（Germain Grisez）、波义尔（Joseph Boyle）与菲尼斯的新古典自然法理论（neo-classical natural law theory）的读者来说非但不会让人感到意外，反而会觉得似曾相识。这种理论把法哲学、政治哲学与伦理学纳入实践哲学的整体来看待与处理，其中伦理学是基础，政治哲学是其延伸与扩展，而法哲学则构成了政治哲学的一个部分或分支。因此，理解"人的福祉""基本人类善"等自然而然就成为理解优良政治秩序或正义法律的起点。简略回顾新古典自然法理论，或许有助于读者更好地理解本书背后的写作理念。

　　1965 年，格里塞茨发表了一篇关于托马斯·阿奎那的评注文章《实践理性的首要原则：〈神学大全〉，I—II，第 94 题，第 2 节评注》①，它几乎可以算作新古典自然法理论的"初创时刻"。

---

　　① Germain Grisez, "The First Principle of Practical Reason: A Commentary on the Summa Theologiae, 1-2, Question 94, Article 2," in *Natural Law Forum* 10 (1965): 168-196. 拉尔夫·麦金纳尼对该文提出了批评，参见 Ralph McInerny, "The Principles of Natural Law," in *American Journal of Jurisprudence* 25 (1980): 1-15. 格里塞茨随后对这篇批评文章做出了回应，参见 Germain Grisez and John Finnis, "The Basic Principles of Natural Law: A Reply to Ralph McInerny," in *American Journal of Jurisprudence* 26 (1981): 21-31.

彼时，托马斯主义是阐释阿奎那自然法思想的主导声音，因此，在某种程度上，格里塞茨的文章构成了对它的挑战。根据那时的"标准解释"，自然法的根本道德判准是人性。托马斯主义者认为，人性动态地（dynamically）趋向其自身真正的完满，并因此内在地彰显着价值，这似乎意味着，人性所趋向的善是被"镌刻"（inscribe）在人性中的。只有那些符合人性上所"镌刻"的目的（teleology）的行动，才是道德上被允许的；反之，则是道德上错恶的。根据这条标准，道德上正当的东西是使人性完满的东西，因此，人们必须首先通过形而上学或自然哲学这样的理论思考，从而确定究竟有哪些善或行动目的将使人性完满。伦理学依赖于哲学人类学或自然哲学。然而，格里塞茨 1965 年的这篇文章驳斥了这一观点，他认为，这完全误解了阿奎那的实践理性与道德原则的理论。根据格里塞茨的理解，阿奎那真正说的是，对自然法的认识并不始于对人性的理论认识；实际上，实践理性是自足的，并且存在诸多自明的实践原则。进而，这些原则指引人们朝向诸多基本人类善行进，比如生命、婚姻、友谊等。这些基本人类善是内在的（就人而言，它们是构成性的；就其自身而言，它们是内在自足的，无须相互诉诸抑或诉诸其他事物便可理喻），相互之间不可化约，而自然法的根本道德判准是整体的人类完满（integral human fulfillment），即我们应当选择向所有人类基本善保持开放并尊重它们每一项。

　　概言之，格里塞茨首倡的新古典自然法理论由四组核心命题组成。第一组命题包括：（1）一条形式性的实践理性首要原则，也被称为自然法首要原则，即"善要被实行与追求，而害要被避免"；（2）一系列实质性的实践理性首要原则，它们为形式性的实践理性原则填充具体内容，或者说，这些原则识别出了人所自然地倾向的基本人类善。根据新古典自然法理论所提出的"最佳版本"，基本人类善总共有这七项：知识（包括审美体验）、娴熟的工作与游戏表现、生命、友谊（或社会交往）、婚姻、实践合理性（内在完满与本真①）与灵性。相应地，任何一项实质性的实践理性原则就能被表述为："知识（之善）要被实行与追求，而无知（之害）要被避免。"准备有所行动的任何人，都必然会以不同的方式使用这些实践理性原则，因此，它们既规制了正直之人也规制了邪恶之人的实践推理。简言之，实践理性原则不是道德原则，它并不能帮助我们确定，做何种选择是道德上正确的，做何种选择是道德上错误的。

第二组命题是首要道德原则，或道德首要原则。这项原则能够被表述如下：在追求人类善，而避免它的对立面的意图性（voluntary）行动中，人们应当选择或意愿那些指向它们的意愿相容于指向整体的人类完满的可能性。它为我们提供了最一般性的判准，用于道德上正确与道德上错误的选择。而根据新古典自然法理论，首要道德原则是对所有实践理性首要原则的整体指引性（directiveness）的表达。因此，两者紧密关联。

---

① "内在完满"指人的感觉与人的判断之间的和谐，"本真"指人的判断与人的行动之间的和谐。它们涉及自我的和谐，前者的对立物是通常所说的"心烦意乱"，后者的对立物是所谓的"言行不一"。

第三组命题是中介道德原则，它们是道德首要原则的具体化（specification）。在这个意义上，中介道德原则之于首要道德原则，以及单数的实践理性首要原则之于复数的实践理性首要原则（或其具体内容），都是形式性原则与实质性原则的关系。中介道德原则有时也被称为"自然法道德原则"，而在新古典自然法理论家那里，更多时候这类原则被叫作"责任模式"（格里塞茨与波义尔）或"实践合理性要求"（菲尼斯）。中介道德原则识别了某些具体的选择方式，这些方式都不相容于指向整体的人类完满的意志。也可以说，这些原则排除了这样一些选择与行动方式，即轻视、疏忽、任意地限制，或损害、摧毁或妨碍任何一项人类基本善，它们也排除了仅仅基于情感的，或非理性的其他任何选择与行动。

第四组命题是具体道德规范，它是直接地从中介道德原则，间接地从首要道德原则推出的。顾名思义，具体道德规范比中介道德原则具体，也必然比首要道德原则更具体。这些道德规范使得我们能够区别那些在任何方面（而非仅仅相对于某个特定目的）都合理的人类行动，与在某些或所有方面都不合理的人类行动。换言之，它们帮助我们识别道德上正确的与具体的选项。在这些具体的道德规范之中，有些是绝对的道德规范，也就是不允许例外的道德规范，而更多的不是绝对的道德规范，它们是允许例外情形的。比如，"禁止杀人""禁止通奸"，就是绝对的道德规范。它们对应着绝对的，或者说不可侵害的人权，并由此构成了任何体面的法律制度的"脊骨"。根据新古典自然法理论。通过"演绎"(deductio)与"决断"(determinatio)两种推导方式，我们能够从中介道德原则得到具体道德规范，包括绝对的与非绝对的道德规范。

1965年后的几十年间，格里塞茨与菲尼斯、波义尔等人进一步发展了这个理论，并将其扩展、应用到更多的议题之中。事实也证明了这套学说的生命力。在当代实践哲学领域，包括在道德哲学、政治哲学与法律哲学的讨论中，新古典自然法理论已经享有巨大的声誉。就此有论者说道："最近四十余年，杰尔曼·格里塞茨——常与约翰·菲尼斯、约瑟夫·波义尔、威廉·梅（William May）合作——已经诠释了一种通常被称为'新自然法理论'或'基本人类善理论'的自然法理论。毫无疑问，这一理论的影响部分地带来了自然法思想近来的复兴，同时，它也激发了可观的争议。"① 关于自然法或自然法理论的讨论时而高涨，时而遇冷，这只反复穿行的"不死鸟"近年来似乎又重焕新生。支持者常常把新古典自然法理论作为重要的灵感来源，甚至把它作为自己讨论的出发点。而反对者则把新古典自然法理论作为最具挑战性的对手之一，对它的瓦解似乎等同于对自然法以及自然法理论的胜利。无论如何，"格里塞茨、菲尼斯与波义尔的自然法思想具有极高的价值，对任何试图理解'自然法'意味着什么的

---

① John Goyette, Mark Latkovic and Richard Myers, "Introduction," in *St. Thomas Aquinas and The Natural Law Tradition: Contemporary Perspective*, ed. John Goyette, Mark Latkovic and Richard Myers (DC. Washington: The Catholic University of America Press, 2004), 17.

努力而言，都相当有帮助。"① "知其说"，读者或许也想"知其人"。大体上，新古典自然法理论主要由这些学者提出与发展，捍卫与完善及延展与应用，他们包括但不限于杰尔曼·格里塞茨、约瑟夫·波义尔、约翰·菲尼斯、罗伯特·乔治②、马克·墨菲（Mark Murphy）、帕特里克·李（Patrick Lee）、彼得·瑞恩（Peter Ryan）、杰拉德·布拉德利、威廉·梅、拉塞尔·肖（Russell Shaw）、罗伯特·肯尼迪（Robert Kennedy）、克里斯蒂安·布鲁格（Christian Brugger）、奥拉夫·托勒夫森（Olaf Tollef-sen）以及克里斯托弗·托勒夫森（Christopher Tollefsen）。根据他们在自然法理论化中的主要工作，即"提出与发展"，"捍卫与完善"，"延伸与应用"，这些学者们大致可以被分为"三大梯队"：第一梯队是经典理论家，他们的工作主要是构建、发展与澄清自然法理论；第二梯队是中生代理论家，他们的工作主要是捍卫与完善自然法理论；第三梯队是新生代理论家，他们的工作主要是尝试将基础理论部分运用于具体的问题。③ 经典理论家格里塞茨、波义尔

----

① 　William May, *An Introduction to Moral Theology*（Huntington：Our Sunday Visitor, 2003），113.

② 　罗伯特·乔治编辑了一本格里塞茨纪念文集：*Natural Law and Moral Inquiry: Ethics, Metaphysics, and Politics in the Work of Germain Grisez*（DC. Washington：Georgetown University Press, 1998）；而克里斯托弗·托勒夫森编辑了一本波义尔纪念文集：*Bioeth-ics with Liberty and Justice: Themes in the Work of Joseph M. Boyle*（New York：Springer, 2011）。

③ 　需要说明的是，如此断代是一种粗略的分类方式，"三大梯队"的工作在某种程度上相互叠合。经典理论家当然会捍卫与完善、落实与应用他们初创与发展的自然法理论，对具体议题的分析与评估也占据了他们一部分的学术精力。但他们更重要也最显眼的贡献仍然是为这一理论进路提出并论证了一系列基础性的命题，确定与指明了它的理论框架与发展方向。

与菲尼斯确立了新古典自然法理论的基本框架，同时为回应批评者，进一步澄清了这个理论的核心主张。根据他们的理论设想，"我们的理论尝试融合目的论和义务论的优点，同时又避免它们的缺点。我们认为，道德植根于人类善（human good），人类善是生活在经验世界中有血有肉的人的善。同时，每个人的尊严受到绝对道德规范（moral absolute）的保障，把任何人仅仅当作手段，无论如何都不是正确的"①。在这个理论目标与框架的指引下，中生代理论家继续推进了相关工作。其中，比较有影响力的包括罗伯特·乔治与马克·墨菲。相较于墨菲，乔治更忠实于格里塞茨和菲尼斯；② 相较于乔治，墨菲在他们思考的基础上做了更多原创性的尝试。③ 而包括帕特里克·李、克里斯托弗·托勒夫森、

---

① Germain Grisez, "A Contemporary Natural-Law Ethics," in *Moral Philosophy: Historical and Contemporary Essays*, ed. William C. Starr and Richard C. Taylor (Milwaukee: Marquette University Press, 1989), 126.

② 乔治出版的主要著作包括一本专著（*Making Men Moral: Civil Liberties and Public Morality* [Oxford: Clarendon Press, 1995]）和一本辩护性自选文集（*In Defense of Natural Law* [Oxford: Oxford University Press, 1999]），在后者中，乔治集中回应了对新古典自然法理论的诸多批评。此外，他编辑了一本以自然法为主题的论述性文集（*Natural Law Theory: Contemporary Essays* [Oxford: Clarendon Press, 1994]），其中的论文主要是由采取不同进路的自然法理论家贡献的。在 2013 年，他与约翰·基翁（John Keown）联合编辑了菲尼斯纪念文集（*Reason, Morality, and Law: The Philosophy of John Finnis* [Oxford: Oxford University Press, 2013]），系统回顾了菲尼斯的学术旨趣与学术成就。近年，他与乔治·杜克（George Duke）共同编辑了《剑桥自然法学指南》（*The Cambridge Companion to Natural Law Jurisprudence* [Oxford: Oxford University Press, 2017]）。

③ 墨菲先后完成了他互为补充的"自然法理论三部曲"：*Natural law and Practical Rationality* (Cambridge: Cambridge University Press, 2001)、*Natural Law in Jurisprudence and Politics* (Cambridge: Cambridge University Press, 2006) 以及 *God and Moral Law: On the Theistic Explanation of Morality* (Oxford: Oxford University Press, 2011)。此外，墨菲还为斯坦福哲学百科全书撰写了词条"伦理学的自然法传统"（The Natural Law Tradition in Ethics），参见 Mark Murphy, "The Natural Law Tradition in Ethics," *The Stanford Encyclopedia of Philosophy* (Winter 2011 Edition), ed. Edward N. Zalta, URL = https://plato.stanford.edu/archives/win2011/entries/natural-law-ethics/。这是一篇相当精彩的综述文章。

克里斯蒂安·布鲁格以及瑞恩·安德森（Ryan Anderson）在内的新生代理论家的工作重点则在于回应具体的社会议题，包括同性婚姻、节育、堕胎、安乐死、撒谎、死刑、变性手术等。事实上，它们在全球都已经引起注意，并且往往纷争不断。新生代理论家面临着这样的局面，即"人们在很多议题上存在着深刻的分歧：同性关系的地位、胚胎干细胞研究与堕胎、安乐死、性别认同、克隆、无人机的使用、保护环境、死刑、经济危机、政府对卫生保健的介入"①，诸如此类。意识到这些现实，他们想凭借新古典自然法理论做出系统的回应，而不同的新生代理论家选取了不同的议题。其中，有些研究者的代表作品也能够在本书的书目综述中看到。

目前，布拉德利教授供职于自然法理论研究重镇圣母大学。在这片好莱坞励志电影《追梦赤子心》的取景地，他与约翰·菲尼斯共同担任自然法研究中心（Natural Law Institute）主任，并联合主编《美国法理学杂志》（*The American Journal of Jurisprudence*）。作为新古典自然法理论的重要研究者，布拉德利教授仍在以自己的方式耕耘着这份任重道远的事业，因为正如我们总是看到的，人改造观念似乎比观念塑造人要难得多。"每个人都不是一座孤岛"，桥梁穿横在众多岛屿之间，而透过每个人的选择之镜，遍观他者的每个人也构成别人的风景。在大小不一的共同体中生活，我们有时得到美德的感召，在正义的浇灌下成长；有

---

① Christoper Wolfe, Steven Brust, "Introduction," in *Natural Law Today: The Present State of Perennial Philosophy*, ed. Christopher Wolfe and Steven Brust（Lanham：Lexington Books，2018），viii.

时也难免受到恶习的诱惑，在庸常的风尚中沉溺。布拉德利教授在本书结论处的那句寄语像是对他的学生读者的鼓励，也像是在给自己加油打气。他这样写道："对于这些法学学生们而言，忠告如斯：找寻彼此，信赖彼此，学习彼此，共同精进智识。"（第81页）

童海浩

2023 年 9 月 25 日

目　录

序 ………………………………………………………… 1

导　论 …………………………………………………… 6

第一章　法律是为了什么：人及其共同体 …………… 10

　　一、人 …………………………………………… 16

　　二、婚姻 ………………………………………… 24

　　三、宗教 ………………………………………… 27

　　四、法律的道德根基 …………………………… 32

第二章　法律、文化、道德与道德相对主义 ………… 37

第三章　宗教、道德与宪法 …………………………… 57

第四章　犯罪与刑罚 …………………………………… 67

结　论 …………………………………………………… 80

附　录 …………………………………………………… 82

　　一、道德中立 …………………………………… 82

　　二、隐私等 ……………………………………… 85

　　三、决断 ………………………………………… 89

四、道德良知与法律良知的冲突 ························· 93

五、"你不能把道德制定成法律" ····················· 95

六、实证主义与自然法 ······························· 99

书目综述 ······························· 103

序

《法律研究学生指南》，听上去像一本基本行为守则，一套涵括诸如纪律处分程序，或是你未成年饮酒被抓到后可呼叫的"求助"电话的大学校园管理制度指南。事实上，这份指南完全不是这种东西。它不是针对那些惹上麻烦的学生，而是面向那些想要真正理解一个政治社会（比如美国）的法律的人。

这本小册子所关注的东西，绝大多数法学院要么不够重视，要么教得不好，要么两种情况兼而有之。在面向本科生的法学课程，甚至法哲学研究生的教学中，情况也并没有好多少。在学校以外的流行文化与周遭的政治论辩中，也很难对这些事情获得某种恰当的理解。这份指南聚焦于真正理解法律所需要知道的东西，而在其他地方并不能轻易找到它们。

"真正理解"，听起来像教授们飞撒五彩纸屑一样抛出的诸多模糊词语中的一个。但这里并非如此。我想通过这个词表达的意思，能够部分地在以下这则趣闻中得到体现。在孩子进入法学院的第一天后，他的母亲问他："乖儿子，你今天学了多少法律（laws）？"她翘首以盼，自己的儿子能在某个好日子把这样的信息带回家：成立一家公司要有几名董事，总统的任期是四年，重罪要处一年以上监禁刑。但这些都不是研习法律真正的关切，因为它们忽视了这组区别：laws（诸多的法律名目）指构成法律体系之信息的内容；作为一个厚重概念的 law 指为社会生活赋序（order）的某种方式。了解一些 laws，才能理解 law，否则我们不免是在凌虚蹈空地探究一个幽灵或者一个空集。但即便把我们能记得的所有 laws 简单相加，law 的内涵还是比它要丰厚得多。只需想想关于很久以前发生之事的事实，与你在本科或研究生时期课程中学习（或应该要学习）的历史的区别。

因此，《法律研究学生指南》不是法律汇编。如果你想要知道什么是"禁止永久权规则"（rule against perpetuities），或怎样一种行为才构成三级入室盗窃罪，那么请移目别处，查阅那些法律实务工作者很容易就能找到的权威参考书；用谷歌搜索一下"盗窃"这个词，看看那些跳转出来的信息；或者干脆去法学院进修。法学院能相当系统地教授法律是什么，它们非常出色地传授法规、成文法、判决以及实在法的其他语言表达形式。然而，法学院在解答有关法律的道德根基的疑惑方面却做得不够好：它们没有很好地教授法律来自哪里，法律是为了什么，以及如何在道德上评判法律。这些是"法律的道德根基"，对于真正理解法律而言是至关重要的，而它们正是本书所关心的。

并非只有那些佼佼者，也就是注定会达到某种专业高度的优等生才需要关注"道德根基"，而是任何人都应如此。学习法学课程的本科生，来自其他专业的有求知欲的学生，以及想要在同性"婚姻"、死刑或把"效忠誓言"（Pledge of Allegiance）中的

"在上帝之下"（under God）删掉等议题上清楚地阐述自己观点的普通公众：所有人都能在本书中找到他们的答案。

每一名法学专业的学生所需的这份基础导引由两样东西构成：一个是法有其客观道德根基的信念；另一个是一份探究法与道德之间复杂关系的入门读本。任何同时拥有它们的人就算是做好了准备，去应对法律从一开始就面临的道德意味的挑战，去应对如今我们只能透过玻璃晦暗地窥见的一长串问题，如果我们真能见到它们的话。带来那种信念，并形成那种基本的理解是这份指南的目标。

理解法律与道德不是一个机械的过程（mechanistic process），它涉及一些简单的原则，但并不是一个简单的方程式或一套运算规则那样的东西。其中，认识到这个道德真理非常必要，即法律服务于人，而不是相反；认识到这个事实也非常必要，即从未有人会认为法律不过是对道德的复刻。（有关这两个命题的更多讨论分别在第一章与附录五中。）理解这两项——不多也不少——原则是理解法律与道德的必要起点。

法律和道德不是自动操舵的，甫经启动就会沿直线前进，更像在漫长且艰难行程中的一艘帆船。基本的原则是相通的：要是没有罗盘定位、航海技术以及帆船运转机制的知识，水手就会在大海中迷失。但水手要到达想去的地方，还需要拥有更多的东西。他们必须遵守一些基本原则，但要创造性地适用它们，对眼下的海况、风力及天气做出回应，并在航程中不断调整。而只有拥有船长一样的高超技术才能闯过最具挑战性的关隘。

道德与法律在一条穿过政治社会生活的曲径上相互交织。一些时候，它们的关系是简明清晰的，由直接的原则规制。另一些时候，它们的关系是偶发事件的复杂混合，要仰赖一种超群的感觉才能搞清楚。对这种关系的探究不会一劳永逸，总会面临新的挑战，这就要求对常态（perennial）原则做出创造性回应。在这里，我希望与读者共同走过法律研习之路上的一些艰险转折，看一看法律和道德领域交通繁忙的几个路口。这份指南会对问题域与争议点进行细致描述，所使用的方法主要是说明性的。

第一章关注法律所要服务的法外（extralegal）道德真实，即人与人所组成的共同体。它揭示过去差不多一个世代的美国法律如何逐渐偏离它本该服务的这些道德现实。如今，我们的法律重视合意（consensus）多过它自身服务的真正目的。

第二章探索贯通法律与周遭文化、习俗道德（conventional morality）的路径。它还艰难蹚过法律的"双重生命"（double life）这块荆棘之地。棘手之处在于，法律是规定性的（prescriptive），它是告诉人们应当如何行事的那些规范的渊源（source）；法律还是描述性的（descriptive），只是因为以前的一群立法者或法官这样说，它就得如此记述，可以不带任何规范性意味。妥当的做法不是否认法律的"双重生命"中的任何一个，而是将它们整合进一种融贯的理解，在其中法律既是文化制物（cultural artifact），也是道德规范（moral norm）。

第三章检省在我们的宪法秩序中宗教的角色及其与客观道德

的关系。最后，第四章涉及一个最富实践重要性的法律领域——犯罪与刑罚，这是如今电视节目的常见素材。此外，还有六个解释性附录，以补强和进一步阐明前文的论证。

导　论

　　一百多年前，小奥利弗·温德尔·霍姆斯（Oliver Wendell Holmes Jr.）为波士顿大学法学院新落成的礼堂献词。当时，霍姆斯行将被提名为美国联邦最高法院大法官，而他此后将在那里任职三十年之久。在 1897 年的那个庆典时刻，他已是马萨诸塞州最高法院的法官、一位声名显赫的法学学者，并身处一项将使他成为美国法律史上最重要人物的事业的半途。他呼吁波士顿大学法学院的学生直击"事物的基底"（the bottom of the subject）。他对他们承诺，通过聚焦法律更为一般性的面向，每个人都将"不只能成为其行业中的行家里手，而且能将这个事物与宇宙关联起来，由此捕捉到这无垠之物（the infinite）的回音，瞥见宇宙神秘莫测的进程，觅得普遍法则（universal law）的踪迹"①。

　　霍姆斯是对的：法律的"行家里手"的确能在不牺牲对细节关注的情况下把握法律的本质，即霍姆斯称为"理论"的东西。他认为，任何"有资质的"学生都能同时做到这两点。霍姆斯的另一个观点也完全正确：法律的"基底"的确连接着"普遍法

---

　　①　Oliver Wendell Holmes, "The Path of the Law," *Harvard Law Review* 8（1897）: 457, 478.

则"。但至于"普遍法则"是什么，霍姆斯却犯了一个大错。

霍姆斯非常清楚，公众道德与宗教信念同他那个时代的法律　7
有密切关联。他也清楚，许多法律人信奉客观道德与传统宗教教
义。但霍姆斯将他的宗教信仰丢在了他曾三次负伤的南北战争战
场。众所周知，他挪揄普遍的道德法则乃是超自然主义者的捏
造，抑或"空中森然的全在（omnipresent）"，是个体的幻想，
即他所情不自禁相信的东西被以某种不可名状的方式编织进了世
界的经纬里。因而，他特别想清除环绕其周遭的对法律的所有道
德幻想。

霍姆斯清楚地知道，改变法律首先要改变人们对法律的理
解。难道会有比波士顿大学法学院的学生更好的受众吗？霍姆斯
大胆地向他们描绘了"未来的人"，即"统计学与经济学的行家
里手"。霍姆斯希望法律人都成为明日之人，而非昨日或今日之
人。这些"新"法律人将是先知，会看到法律应得到理解的方
式。之后，他们将成为改革者，将按照法律应然的样子制定
法律。

霍姆斯是一位相当了不起的预言家。对于他及其众多后来者
而言，社会科学尤其是经济学，已然成为法律的根基或"基底"。
如今，把霍姆斯视为先驱的许多理论家甚至认为，法律的"基
底"是更坚实的行为科学，譬如社会生物学及其他学科，它们暗
自否认人的自由选择，根据机械论假设解释人的行为。对于这些　8
行为主义者（behaviorist）而言，因果关系构成人类行为的完全
解释。说一千，道一万，人所能做的无非他们实际做的。按照这

个想法，道德不能成为法律的基础，因为不存在所谓的道德真实（reality to morality）。但话又说回来，如果人完全无法选择，那么，确定人的选择是对是错的意义又是什么呢？

未来真正的挑战指向不可化约为算计的道德真理，指向不适用效用曲线的称述正当与错恶的命题。与霍姆斯为法学院新礼堂落成献词时相比，如今这些挑战只多不少。法律的"基底"扎在客观道德的领域，而客观道德是一种评判标准，人们据此判定自己（或他人）正决定（或已决定）做的事情是道德正当的或是道德邪恶的。这些道德规范先于（antecedent to）人的所有选择，其可靠性不取决于习俗或文化，其有效性不取决于人们的认同，其真确性也不取决于它们被吸收进实在法与否。它们是因其理性力量、合理性与真确性得到证成的规范，而不是因其符合大数法则（law of averages）才得到证成的规范。实在法寄附于这个领域，它以这种方式发挥对道德的积极作用，即引导政治共同体中人的行动通向正义。

当然，这并不意味着所有的法律都能在道德上得到证成，就像霍姆斯也并不认为，所有的法律都将在未来的某一天具有经济合理性。法律是由会犯错的（fallible）人类制定的，所有人都易受奉承、腐败与偏见的影响。法律体系总是或多或少的真理与谬误、智慧与愚蠢的混合物，但人的局限性不能成为借口，用来否认法律应该被看作伦理学的一个延伸或具例。

除非看到法律与客观的道德目的的联系，否则，我们就无法理解法律。如果一个人把宗教理解为不过是钱财、权力或矫饰

(rationalization)，那他对法律的理解也就不过是指向不义（ini-quity）。一部分有关宗教的经验之谈的确涉及以权谋私、背叛与堕落，但宗教本身一定是有关超验性（the transcendent）的。法律体系的历史总是充满了非正义，但法律本身的目的是政治社会的优良秩序。如果想真正透彻地理解法律，那么，我们就必须这样看待它。

第一章　法律是为了什么：
人及其共同体

这份指南的主题是实在（positive）法，即权威为规制生活在政治共同体中人们的公共事务而制定出来或规定下来的——在这个意义上，乃是实定的（posited）东西。我们如此习惯于生活在法律之下，无时无刻不在颂扬法治，以至于我们忘记了法律是一种具有相当独特吸引力的新近发明。这并不是说，在有法律之前，只有普遍的混乱，而仅仅是说，法律是建立与维持社会秩序的诸多方法中的一种，并且是一个迟来者。

几千年来，人类社会都不是按照不偏不倚、一视同仁的要求治理的——既约束被治理者，也约束治理者——而是根据掌权者的命令（dictat）治理。有时，所谓天神的指示被当作金科玉律；又有时，智者安详地坐在一棵枣椰树下主持正义。在许多社会，习俗或者所谓的祖宗之法为秩序提供了额外的原则。在大多数地方、大多数时间，秩序是通过所有这些权威来源的复杂混搭而形成的。然而，在这些类型的秩序中没有一种近似法律秩序，正如我们很快就会看到的。

甚至我们的社会也把法律的位置排在其他类型的秩序之后。

文化规制我们诸多的社会交往。在我们的家庭里、在我们的友谊中，以及在我们的运动队内，我们做我们所做的，因为那是他人所期许与珍视的，而不是因为它被写在了国家的法律中。大型公司运营所依照的管理原则并不像法律那般珍视渐近式的变革，即法律只有在经过广泛的辩论与充分的预先告知的前提下才可实施。这并不是说公司超脱于法律，绝非如此。雇员受法律的保护，比如，免于性骚扰、免于因参与工会活动而遭到报复性解雇。在如今的市场环境下更是如此，公司管理者要闪转腾挪、行动迅速，而立法者则在一种更从容的节奏下工作。因此，经营的管理方式与政治的治理方式是不一样的。军事管理也不一样。军队（部分地）受法律的管理（至少我们的军队是这样，因为它由文官统帅），军队也（部分地）如同管理人员运营一家跨国公司那样受管理。然而，一支军队与众不同的地方是，它受指挥的权威的管理，后者表面上和实际上都与法律的权威以及经营的权威不同。此外，还有一些教会和其他自愿组成的协会，它们由魅力非凡的人物经营，他们说的话犹如棕榈树下的哈里发的话。以上这些没有一个像法律体系那样运转。

政治社会的实在法是托马斯·阿奎那这位伟大的中世纪哲学家"发现"的。尽管早在《旧约》时代就已经有了律法（legal code），但阿奎那首次提出，人法（human law）因其自身之故是一个值得研究的特定对象。他认识到，法律是赋序社会交往的一种独特方式。他也意识到，虽然实在法是一种人造物，但它为服务道德目的而被创造，人却不能创造道德目的。实在法服务于它自身之外的目的。正如当今世界最重要的自然法理论家、牛津大学法哲学家约翰·菲尼斯所说："有一些人类善（human good）只能通过法律这样的制度才能实现，有一些实践合理性要求（requirement of practical reasonableness）只有这样的制度才能满足。"[1]

菲尼斯提到"善"和"实践合理性要求"，实在法必须放在自身与其自身之外的以上两者的关系中才能得到理解。但正如阿奎那最先看到的，实在法是一种文化制物，是一种人为了人而创制的东西。由人所建构，也即由人所创设或完成。法律的这个性质提供了一种独特的规范性（normativity），它并不来自法律创设所指向的那些外部目的。除了外部的"善"与"理性"之外，实在法还有其自身内部的命令（imperative）。一些法律思想家，其中最著名的是朗·富勒（Lon Fuller），将这种规范性称为法律的"内在道德"（inner morality）。[2] 本章主要探讨法律目的，也就是作为法律目的的道德目的，但在这里需要强调的是，存在两种法律的道德。

13   富勒提到"合法性原则"（principles of legality），也即令法律能名副其实地被称为"法律"的东西，包括这些要求：公开、颁布、清晰、可预期、可理知，以及也许是最重要的一项要求——颁布的法律与政府官员适用的法律应当一致。秘密的或含糊其辞的法律不能算是法律：在这种情况下，人们无法依照法律赋序自

---

[1] John Finnis, *Natural Law and Natural Rights* (Oxford: Oxford University Press, 1980), 3.

[2] 参见 Lon Fuller, *The Morality of Law*, rev. ed. (New Haven, CT: Yale University Press, 1969)。

己的行动，因为他们不知道法律究竟说了什么。最末一项要求规定，官员的行动要受制于已宣示的规则，专断或肆意的行为是错误的。一些学者说，通过将官员的行为严格限定在所颁布的规范之内，最末的这项要求必将塑造更正义的政府。如果他们说的是对的，那么，我们就可以说，法律的内在道德必定能促进作为法律目的的道德善，比如公平或平等的对待。①

法律推理也具有一种独特的内在逻辑。它是实践推理，或者说是关于人们应做什么的推理。粗疏草率或不成章法断然不是法律推理的优点。除了日常推理的这些优点之外，法律推理还有其自身的特点：给定的定义，用类比的方式推理，以及极度仰赖权威。它们是法学教授们所谓"像法律人一样思考"的组成要素，法学院确实把它们教授得不错。

正因为法律有这些内在基准，我们才可能评价一部法律是精良的（good），却同时又不意味着它必然也是正义的（just）。② "坏的法律"可能并非不正义。它可能只是混沌的、含糊的或难以预期的。因此，"坏的法律"可能意味着技术性缺陷（technical deficiency），仅此而已。一些法学学者会说自己赞同堕胎，但同时也认为罗伊诉韦德案（*Roe v. Wade*）所确立的是"坏的法律"。他们主要想说的是，本案的推理是不令人信服的。

目前为止，我们考虑的实在法不过像是另一种人造物或人类

① 关于对这个观点的一个出色的讨论，可参见 M. H. Kramer, "The Big Bad Wolf: Legal Positivism and Its Detractors," *American Journal of Jurisprudence* 49 (2004): 1.
② 除在上注涉及的文本中讨论的促进正义的倾向。

14

行为而已。我们说简·奥斯丁（Jane Austen）是一位优秀的小说家，但这跟她是怎样一种人并没有关系。一位伟大的棒球投手赢下了很多比赛，而且投手自责分率很低。但一些伟大的棒球投手却是糟糕的人。皮特·罗斯（Pete Rose）是一名伟大的击球手，但他却不能进入名人堂，因为他曾在一些比赛场次打假球。当然，没有任何人会认为那会减损他作为击球手所取得的成绩，但每个人也都知道，罗斯要为自己"出界"的错误言行，为损害比赛社会声誉的品格不检和行为不端，为自己是一个坏人而不是为自己是一名坏球员而受到惩罚。所谓糟糕的棒球比赛，仅仅是指按照比赛的非道德评价标准所定义的蹩脚表现。

实在法能按照技术性标准，根据其"内在"道德被判定，也就是，被评价为"好的"或"坏的"，但最该考虑的是"外在"道德。评价实在法最重要的方式是，看它是否促进了受辖众人的真正福祉（flourishing）。那是法律追求的东西。那些是之所以创设法律的外部目的。那些目的是实存的：（与法律本身不同）它们不是人造之物、规定或法律拟制。比如，维护奴隶制的法律是坏法律，无论它们多么清晰、多么精确。

毫无疑问，正义是法律的一个至关重要的目的。正义关乎给予他人以应得。实在法塑造了政治社会的生活。正义和法律都不直接涉及仅仅自我关涉的（self-regarding）行为（尽管纯然自我关涉的行为的数量与种类可能相当少）。因此，正义与法律都自然地引向这个问题，即我们如何对待他人。

直到第四章，我才会明确地探讨正义，在那里，我们将讨论刑事司法制度及其道德根基。在那之前，这份指南仅仅会间或提到作为法律目的的正义。这是出于一个简单的原因，即对我们的法律而言最严峻的挑战先于正义：为了实现正义，我们需要知道自己对谁负有正义义务。在这个问题上，我们的法律与我们的法学院是缺位的。

法律不仅为人服务，而且为有助于人们自我成就的共同体服务，但当政治社会的实在法失去与法律目的的联系时，它就容易变得极端不义。正义不只在于准确识别出那些正义所亏欠的个体，而且很大部分也在于法律如何对待婚姻、家庭与宗教组织等人类共同体。在这些事情上，我们的法律与我们的法学院也是缺位的。

我们社会对法律的理解的最大的问题不是我们已经——在字面意义上——忘记了法律究竟是为了什么。我们并不是说，从今往后，个人都要为服务更大的善或最新的五年计划而活。美国人既不是集体主义者，也不是计划经济的信奉者。我们也不是主张，民族（Volk）或国家要成为受敬拜之物。人、婚姻、家庭与宗教既未被我们的法律谴责，也没有遭到我们的法律的忽视。法官、立法者以及总统们全都经常饱含深情地谈起人民及其共同体。

对于我们理解法律所为何者而言，已发生和正发生的事情虽然微妙但并不缺乏预兆：我们一步一步错误界定了法律的目的。遗憾的是，这些错误甚至不是愿而不得的失败尝试所导致的。相反，立法者近来已笃信，关于人、婚姻、家庭与宗教的真理跟法律毫不相干。他们说，这些善是什么并不重要。最糟的是，道德真理是不相干的这个观念已得到了精心培育：不去思考这样的问题，即怎样才真正算是一个人，婚姻究竟是什么以及宗教到底如何起作用等，已被称许为美国公共生活的重要美德，而自从第二次世界大战以来，它便成了一种主导的趋势。

更确切地说，受当代自由主义道德"中立"教条的影响，我们已经让合意而不是事实或真理来确立法律是为了什么。① 如今，最重要的不是搞清楚法律到底是为了什么，而是要让法律完全适配主流的文化风俗与习俗道德。我们的立法者已认定，避免纷争是法律首要的目的，尤其是当纷争涉及法律是为了什么之时。我们的立法者正确地认识到，法律的道德根基是一个引起巨大纷争的潜在源头，但他们没有意识到，弄错它甚至会带来所有不正义中最严重的不正义。

接下来，让我们来一起看看，法律近来是如何理解与界定人、以婚姻为基础的家庭还有宗教的。

一、人

罗马哲学家查士丁尼（Justinian）说，"法律是为人的利益制定的，如果忽视了人本身，那对法律就趋近无知"②。查士丁尼是对的：人是基础实在（basic reality），法律的创设是为了人。法律是为了所有人，而不是为了某些人——为了他们的利益，法律

---

① 关于道德"中立"原则的更多讨论，参见附录一。
② Institutes I. 2. 12. 查士丁尼在《学说汇纂》（*the Digest*）中说道："所有法律都是为人制定的，因此，我们首先应该谈谈人的情况。" I. 5. 2.

压制其他人。法律平等地作用于并适用于每个人，包括那些制定法律的人，这是现代法律制度的一个典型特征，甚至可算得上是一条公理。有一则著名的格言说"我们是法治，而非人治"，这基本就是"法律面前人人平等"的内涵。

在我们的根本大法即宪法中，最重要的规定是，它保障所有"人"受到"法律的平等保护"。我们所有的法律权利与特权（privilege）都仰赖它。如果有些人——那些有权有势的人或那些抱怨声最大的人——能对其他人做出安排，不在法律上把他们当作"人"，那么我们的权利与特权①将得不到任何保障。奴隶制就是这样一种安排。奴隶主并没有完全否认奴隶是人。奴隶主能看到，奴隶是具有意志的理性存在者。有一些奴隶主承认自己奴隶的人格，具体表现为给予其宗教教导并且尊重他们的家庭事务，尽管很多奴隶主不是这样。即便如此，所有奴隶主都否认奴隶享有法律权利。一名奴隶绝不能在法庭上要求获得与自己主人一样的法律意义上的平等。只是因其主人的缘故，奴隶才在法律上被当人对待。奴隶是他们主人的财物。

对大部分人而言，把自己的福祉看得比其他人的福祉，尤其是比那些跟自己没有血缘亲情的人更重，这几乎不需要来自法律

---

① 这里的"特权"需与我们通常所说的特权进行区分。为便于阅读，在这里读者可以把"特权"近似地理解为"自由"（liberty）。事实上，霍菲尔德（Wesley Hohfeld）在其权利分析理论中经常使用"特权"的概念。在其概念矩阵中，权利（right）包括狭义的权利（claim）、特权（privilege）、权力（power）和豁免权（immunity），它们分别对应义务（duty）、无权利（no-right）、责任（liability）和无能力（disability）。特权是义务的相对概念，指一个人可以做某事的自由；无权利（no-right）则是与特权相关的概念，无权利人没有权利要求特权人不做某事。——译者

的促动。操纵他人的诱惑是不言而喻的。当一个人能够利用他人，把他们当作实现自己的计划、目的、目标与需求的工具时，他的生活会过得更轻松。在法律没有限制这种操纵的地方，在法律准许为了一些人的利益而让另一些人屈从的地方，严重的不正义就会产生。随着不正义逐渐得到矫饰，不平等的意识形态就会出现。不久以后，卑屈的社会文化就会滋生，正如女性主义者与反堕胎人士，以及那些为非裔美国人发声的人已恰如其分地提醒过我们的。

剥削别人并不需要法律的促动，它天然地会出现。人们需要法律的帮助，去抑制操纵的诱惑。作为一个历史事实，平等的宪法保障得以确立，以卸除给奴隶制以及任何形式的劳役制的陈腐法律支持，或者说，是为了推翻它们。享有"平等保护"的关键就在于，预先阻止一些人对另一些人滥施权力。当且仅当这个问题，即谁才算作一个人是根据真实的情况，而非我们想其所是，那个根本性的保障才能落实。如果我们中的强者能宣称弱者是"非人"并且照此逻辑对待它们，那么平等的力量就被削弱了。需要重申，如果谁应被视为平等的这个问题究其根本是按照权势、财富或诡辩术得到解决的，那法律平等就没有任何意义。

思考一下法律在保障对所有人的平等保护中所起的作用——不分尊卑贵贱——我们就能够理解，准许堕胎的法律如何冲击了法律的道德根基。反对准许堕胎的法律所依据的前提是，它涉及对一类人，即胎儿的不正义。重要的是堕胎法的内容，而非它是如何制定出来的。也就是说，如果事关堕胎或其他任何重大事务的法律是通过掷硬币，或是通过神明裁判，抑或是由连续跳投篮球最多次的那一方决定的——而且是正确地决定的——那么这部法律就会是正义的。然而，那些如此任意地做出法律决定的人是在不正义地行事，因为他们把一个至关重要的道德决定交给了毫不相干的技巧比拼，这是把别人的人生当作儿戏。对于任何想知道法律如何关联于道德真理的人而言，跳投者的例子会是一个生动的反面典型。

同样地，最近在人及其共同体那里所发生的事情也是一个清楚明了的有关反面典型的案例研究。从法律是为了保护所有人而制定的观念到法律有权定义怎样才算是一个人的认识，这中间存在一种根本的转变。如果法律能够定义人格，那么，根据人格被定义的方式，法律就有权授予或撤销特权。如此一来，保护就取决于像通过跳投做出法律决定一样任意的法律定义，而不是得到保障的固有权利。下面的例子显示了允许律师与法官定义人格（据此，这些人的权利将得到法律保障）的结果。

纽约法院对拜恩案（*Byrn* case）的判决是罗伊诉韦德案的先例。它认为："什么才算法律意义上的人，是由法律……决定的，这也就是说，一旦法律将法律人格授予某个东西，它就将法律意义上的人的权利和特权赋予了它。"[①]（强调为笔者所加）法院要把"人"的问题当作法律的一项特权（prerogative），就像法律——更确切来说，有权造法的拜恩案法院——能赋予一项（正

---

① *Byrn v. New York City Health and Hospitals Corp.*, 286 N.E. 2d 887，889（N. Y. 1972）.

如此案的法院明确表示的）也能由它撤销的特权似的。换句话说，拜恩案法院拒绝这种可能性，即胎儿是他们所是的那种存在者，因而享有甚至法院都务必尊重的权利。

21　　在一个令人印象深刻的段落中，拜恩案法院写道，确定谁才算是一个人的"过程"是"循环的（circular），因为它是定义性的"。法官认为，如果法律的目的被认为是在法律自身之外的，那么，要找出法律是为了什么就是死胡同。毫无疑问，它们的确如此。因而法院主张，一种恰当的（非循环的）应对方式是，把是否应当授予法律人格的问题交付"政策决断（policy determination），而不是当作一个生物或'自然的'符应（correspondence）问题"①。

　　罗伊诉韦德案是同样一种逻辑。美国最高法院负责主笔该案判决书的哈利·布莱克蒙（Harry Blackmun）大法官总结道，如果胎儿在法律上被承认是人，那就不能有堕胎的权利，堕胎就是被宪法所禁止的谋杀。为了避开这个结论（当然，若不假定法院想要避开这个结论，就无法理解罗伊诉韦德案），布莱克蒙说，他会把未出生的人类个体到底是不是人这个问题放到一边。他宣称法院"不需要解决生命开始于何时这个难题"②。法院要研究的是关于有限的、技术性的语词用法的事情：胎儿是"完全意义上的"、"法律上的"或"宪法上的"人吗？跟拜恩案一样，谁才算作人这个问题本身变成了我们想要做什么的"政策"问题。再一次地，没有任何迹象表明，胎儿的内在尊严让我们迟疑

---

① *Byrn*, 286 N. E. 2d at 889.

② *Roe v. Wade*, 410 U. S. 113, 159 (1973).

蹒跚。

　　这种杀人的法律究竟是为了谁呢？布莱克蒙完全是在实在法 22
的框架内解决这个问题的，即便如此，他依然错漏百出。几个世
纪以来，实在法都视堕胎为谋杀，并因此禁止它。针对这个错误
问题的那个错误回答不是我们这里的关切，无论它多么引人注
目，多么影响深远。我们的关切是，他从未跳到法律之外去思考
一个潜藏的道德事实，尽管在考虑女性主张的堕胎权时他却这么
做了。自古以来，法律就已禁止堕胎。想事遂人愿地在彼时的法
律中找到一项堕胎的权利，这是不可能的事情。因为那个原因，
布莱克蒙转而详尽罗列出一名女性在非意愿妊娠中可能遭受的痛
苦之源。这样的"痛苦"不是法律拟制。他诉诸的是现实世界的
困难，而完全没有提构成"完全意义的"、"法律上的"或"宪
法上的"痛苦的东西。假如布莱克蒙转向他曾借助处理了"人
格"问题的法律的习俗渊源，他本应由此发现，法律绝不相信妊
娠之痛苦能为堕胎提供借口甚或理据，无论那些痛苦是多么真
实。毫无疑问，罗伊案的胎儿最终没有被当作"人"，因为他人
的需求，也就是布莱克蒙口中的"受苦的"女性，决定了他们不
能是人。

　　罗伊案的学术辩护者寻求为法院的决定性一着——选择把
"人"的问题作为一件法律推理的内部之事，作为政策驱动的拟
制之事来处理——提供理论支持。罗纳德·德沃金（Ronald
Dworkin）是 20 世纪最顶尖的五位法哲学家之一。德沃金把
"人"当作似乎是"成员"（member）的同义词，并据此为罗伊

23　案辩护。德沃金仅仅将这样的候选人纳入法律的保护之中，他们的申请获得了认为自身已被接纳的那些人的批准。某人能否算作一个人将取决于其他人的选择。对于德沃金而言，关键的是接受（acceptance）：免于专横暴力的法律保护泽被那样的一些人，也就是，根据"社会实践所塑造的基因的、地理的或其他历史条件"（强调为笔者所加）而被承认为社会的成员的人。① 像是布莱克蒙以及罗伊案法院的其他法官一样，德沃金也不把有关人的宪法问题视为对乃事真相的印鉴。

　　约翰·罗尔斯（John Rawls）被认为是"二战"以来英语世界中首屈一指的政治理论家。自 1970 年出版以来，他的名著《正义论》（A Theory of Justice）已将政治理论塑造为一门学科。在捍卫堕胎权这件事上，罗尔斯追随并超越了德沃金与布莱克蒙。像布莱克蒙与德沃金一样，罗尔斯拒绝去问，子宫的住户本质上是不是人，但他超出布莱克蒙和德沃金的地方是，他认为任何对这个事实的探究都是不正义的。这个问题是被禁止的，因为问它会损害他称之为"公共理由"（public reason）的有礼貌的公共讨论的社会规范。

　　在如今众所周知的一个论证中，罗尔斯认为，在公共决策中诉诸"整全性学说"（comprehensive doctrine）会引起激烈的社会冲突。在罗尔斯看来，问"谁才真算是人"需要求诸受禁止的"整全性学说"。还有其他解决之道吗？除了通过交换关于这个问

24

---

① Ronald Dworkin, *Law's Empire* (Cambridge, MA: Harvard University Press, 1986), 201.

题——"谁才真算是人？"——的看法之外，生活在社会中的人
们还能如何确定法律所为何人呢？罗尔斯认为，罗伊案所处理的
问题是三种价值的平衡：政治社会经年累月的有秩序的自我再生
产，女性享有的平等，以及最后的，"对人命的尊重"。① 罗尔斯
得出结论（在他写于1993年的《政治自由主义》［*Political Liber-
alism*］一书中），对于我们的民主制度而言，这些价值的"一种
合理平衡"才是解决堕胎问题的恰当方式，而"任何"合理平衡
都会给予女性选择堕胎的权利。

　　为什么罗伊案法院会那么做呢？毕竟，德沃金和罗尔斯是在
此事过后撰文，因而法院不是在追随他们。拜恩案是来自一个次
级法院的先例，而最高法院自身也找不到任何近似的证成堕胎权
的先例，布莱克蒙承认这一点。那到底发生了什么？大法官刘易
斯·鲍威尔（Lewis Powell）和布莱克蒙站在同一条战线上，他的
传记作者记录道，一枚"受精的胚胎就是得到完全承认的一条人
命"这个观点"对他而言似乎不可接受地出脱于日常经验"②。
把"经验"当作法律依据的观念与这种法院的以下做法有异曲同
工之处，即重女性心理上和经济上的"困苦"，轻生命开始于何
时这个"棘手的神学和哲学"问题。③ 大法官威廉·布伦南
（William Brennan）——他也站在罗伊案的多数派一边——在一份

----

　　① 　John Rawls, *Political Liberalism* (New York：Columbia University Press, 1993)，
243n32.

　　② 　John Calvin Jeffries, *Justice Lewis F. Powell, Jr.* (1994；repr., New York：Fordham
University Press, 2001)，350.

　　③ 　*Roe*, 410 U. S. at 153, 160-62.

内部备忘录中写道，"法律处理的是事实，不是含糊……（或
25 者）猜测"，从而明确表示要退出法律所为何人或何事这个问
题。① 至少对鲍威尔来说，未出生的孩童有其人格这一信念"与
天主教密切相关"，这个事实"就足以使得它更易被抛弃"。② 罗
伊案法院没有对人格问题给出一个合理的答案，而是选择默默忽
视它。鲍威尔认为，这个显眼的缺憾最终能得到原谅，因为公众
会"对结果满意"。历史将证明罗伊案的正确性。因此，罗伊案
转而关注所谓的人们想要的东西，而非人的内在价值与固有尊
严，更加扭曲的是，法官们越过同代人而诉诸未来的需求。③

　　罗伊案中在人身上发生的，也已经发生在那些最有力地促进
人的真正福祉的共同体上了，包括婚姻、以婚姻为基础的家庭，
以及教会等宗教团体。它们也已经由我们法律所拟制，从而服务
于其他的"政策"。这些"政策"按强者、"精英"的利益而定，
按这些精英割断法律与客观道德规范之间联结的欲望而定。

二、婚姻

　　我们的法律新近是如何看待婚姻的？最具代表性的例子出现
在夏威夷州最高法院审理的一起案件中，它是一系列支持同性婚
姻的司法判决中的首例。巴尔诉勒温案（*Baehr v. Lewin*）的最终
26 结果并不是我们目前的关注点，我们的旨趣在于，法官如何理解

---

① David J. Garrow, *Liberty and Sexuality: The Right to Privacy and the Making of "Roe v. Wade"* (New York: Macmillan, 1994), 536–37.

② Jeffries, *Justice Lewis F. Powell, Jr.*, 350.

③ Jeffries, *Justice Lewis F. Powell, Jr.*, 350.

婚姻的道德真理与婚姻法之间的关系。

在巴尔案中，夏威夷捍卫了自己的州立婚姻法。它认为，将婚姻限定在一个男人与一个女人之间的法律符合婚姻真正的样子。州检察长辩称，"在国家开始为婚姻发放证书之前很久，婚姻就已是一种习俗"。他进一步补充道，婚姻"一直被认为是一个男人与一个女人的结合"。他指出，因为婚姻本就如此，因而，在同性伴侣寻求结婚的这桩案件中，法律并不是在歧视他们，他们的关系无法"授权政府颁发结婚证，因为他们想要的并不是婚姻"①（强调为笔者所加）。

法院草率地拒绝了以上整个论证，认为它是"对扭曲并缺乏根据的诡辩法的运用"。夏威夷州用婚姻的道德事实来解释法律婚姻，这种尝试是"同义反复的"，"循环的，且没有说服力的"。② 像拜恩案法院思考什么算人这个问题时一样，夏威夷法院认为，诉诸婚姻的道德事实回避了婚姻法应当如何这个问题。在法律与有关婚姻的真理之间，应设有一道不透明的屏障，这种观点大行其道，直至美国联邦最高法院。大法官布伦南在某个案件中评价道，"即便在'家庭'与'父母身份'（parenthood）是良善生活的一部分这个方面……我们能达成一致，但假定我们能在那些术语的内容上达成一致却是荒诞的，而假装我们已经达成了一致则是毁灭性的"③。最高法院还没有对同性婚姻问题做出裁定。但 27

---

① *Baehr v. Lewin*, 852 P. 2d 44, 61（Haw. 1993）.
② *Baehr*, 852 P. 2d at 61, 63.
③ *Michael H. v. Gerald D.*, 491 U. S. 110, 141（1989）（Brennan, J., dissenting）.

当它这么做时，很可能就会顺着布伦南与夏威夷法院的思路，割断法律的目的与关于婚姻这一最重要的人类共同体的真理之间的联结。①

探寻有关婚姻之真理的人经常会走弯路。探究紧要之事，比如，人格或婚姻，并不保证会成功。法律在婚姻方面的错误即便是无心之过，但这些过失却会使得人们不能如其应然般得到全面发展。

为什么？人们得到全面发展的机会，是怎样受到诸如法律关于婚姻的界定这样的世俗事物的影响的呢？毕竟，法律并不"强加"其界定于任何人。关于婚姻，法律说了什么，或不说什么，这真的如此重要吗？

的确如此。当提到法律和婚姻（其实，还有别的许多事）时，法律的确会产生一种涓滴效应（trickle-down effect）。任何社会都存在的"婚姻"受到法律、文化的深刻塑造，而文化本身又受到法律的深刻形塑。② 正如牛津大学法哲学家约瑟夫·拉兹（Joseph Raz）所述，"（假定）一夫一妻制是唯一有价值的婚姻形式，但个体是无法实践这种制度的。它要求一种认同它的文化，这种文化经由公众的态度，通过正式的婚姻制度支持一夫一妻制"③。败坏的文化和法律合谋剥夺了人们选择（真正的）婚姻

---

① 关于立法者考虑道德多元主义（moral pluralism）所应采取的某些正当方式的讨论，参见附录二。

② 关于法律如何影响文化，文化反过来又如何影响法律的更完整讨论，参见第二章。

③ Joseph Raz, *The Morality of Freedom* (New York: Oxford University Press, 1986), 162.

的机会，比如多偶制是社会的规范之处或妻子仅仅被视为一份动 28
产之处，等等。在这后一种情形中，鉴于女性天然低人一等的错
谬信念，夫妻间真正的平等与亲爱是不可想象的。作为合二为一
（two-in-one-flesh）之结合的婚姻，就压根不是一个可得的选择。

　　然而，拉兹没有假定，在法律与公共道德不支持一夫一妻制
的文化中，某个人刚好信奉这种文化，那他就没有办法约束自己
只娶一位妻子，他甚至会被要求多娶几位妻子。正如普林斯顿大
学的罗伯特·乔治（Robert George）所述：

　　　　即便一夫一妻制是全面理解婚姻的一项关键内容，很
　　多人还是无法理解这么说的意思或这么说的原因，因而也
　　就无法理解一夫一妻制的价值，以及实践这一制度的可理
　　知的意义，除非他们得到一种文化的辅助，而这种文化支
　　持一夫一妻制婚姻。婚姻是一种善，它仅仅能被那些恰当
　　地理解它，并在此基础上选择它的人部分地分有（partici-
　　pated），甚或被完全地分有。然而人们恰当地理解它，并
　　因而选择它的能力取决于制度与文化理解，它们超越了个
　　体选择。①

三、宗教

29

　　政府能强迫人们参加宗教仪式。强迫人们在某个特定的时间

---

① Robert P. George, "'Same-Sex Marriage' and 'Moral Neutrality,'" in *Marriage and the Common Good*, ed. K. Whitehead（South Bend, IN: St. Augustine's Press, 2001）, 93.

出现在某个地方是常有的事，义务教育法、陪审员的义务、被传唤的证人与征兵制都是例证。但生拉硬拽（subpoena）信徒却是一个坏主意。强迫人们资助教会并不会给前者带来作为一种宗教活动的益处。那些响应法律号召的人，他们几乎不会宣称，自己自由地接受了所谓的信仰之真理，自愿地朝拜了神，或自主地参与了某个公众仪式。强迫人们去教堂做礼拜，能让他们出现在那里，但也就仅限于此了。当然，在极少数情况下，那可能会给他们带来一些益处，比如在军事打击中，这能掩护他们免遭伤害。但这并不会让他们更虔诚。就像假如政府将丈夫拒绝洗碗规定为一项轻罪，但这并不会让丈夫变好：丈夫是基于错误的理由才做了正确的事情，他们只是为了不被投入监狱。

当提到法律，宗教与婚姻在三个重要方面是类似的：它们都不是法律的造物；实现它们都需要来自法律的帮助；都是其价值重度依赖于自由的活动或联合。人们必得自由地信受宗教与婚姻，以恰当地分有它们，并得到它们所提供的道德益处。（这也是乔治教授关于婚姻的观点。）因此，我们赞赏宗教自由，并期望法律能够促进我们对信仰的自由信受。

对国家来说，宗教自由并不总是合宜的。历史充斥着统治者的故事，他们竭力控制、瓦解、肃清或驯化某个人的属灵忠诚（spiritual loyalty）。许多人成功了。美国人搞不清楚，为何在第二次世界大战期间耶和华见证人要与其他信徒受到法律完全一样的对待。耶和华见证人拒绝效忠任何形式的人间政府，拒绝向每一天都有男人和女人为其死去的旗帜行礼，并且抓住几乎每一次机会，习惯性地——并且颇为尖利地——指责罗马天主教徒。可能总是有这样或那样的宗教群体，它们特别地遭恨。这使得许多人会问，为什么我们要像现在这样保护宗教自由？

为什么公共权威赋予人们宗教自由？这个问题有许多答案。毫无疑问，在美国，宗教自由的整个传统根植于宗教之真理观。我并不是说，我们的法律已经考察了所有不同教派的礼拜仪式、教义与信条，并且说过，"这是唯一的真正的道路，别无其他!"完全不是这样。我们的法律传统植根于这样的信念，即神想从人那里要什么的信念，以及什么才算真正的宗教仪式与信仰的信念。我们的传统建立在诸如詹姆斯·麦迪逊（James Madison）等人所传递的那些信念之上，他是我们的第四任总统，是《权利法案》（Bill of Rights）背后的推动力量。麦迪逊写道，宗教涉及对神这位造物者的义务，而神也希望人民之所以履行这些义务是因为履行它们是正确的，而不是因为害怕法律的惩罚。① 31

在接下来的一章中，我们将进一步探究宗教、道德与我们的宪法秩序之间的关系，但就我们目前的目的而言，关于我们的法律最近对待宗教的方式的两个观察呼之欲出。一个观察是，最近四十年，教会—国家法的故事主线已变成了政治便利（political convenience）压倒宗教自由：用宪制语言来说，"禁止设立国教"（nonestablishment）已经让"宗教自由"成为附庸。这条故事线意味着，宗教会对社会造成负面影响，比如，分裂、不宽容与威

① 参见 James Madison, *Memorial and Remonstrance against Religious Assessments* (1785)。在 *Everson v. Board of Education*, 330 U. S. 1, 64（1947）的附件中再次被提及。

权主义，对这些的恐惧给严重侵害宗教自由提供了正当性。这样的侵害包括在公立学校抹掉所有导向性的宗教表达，从公共场合移除宗教标识，以及对为宗教教育提供的公共援助的持续敌意（最近在个别城市和州中教育券的出现只是缓解了这种敌意）。但他们为了给这种侵害提供正当性而预言的大部分所谓宗教的负面影响，却都没有得到实际证明。更重要的是，甚至有关教会—国家法的故事主线的表层解读（surface reading）就足以构成对立法者是否认真对待过这个观念的质疑，即法律所为的是人及其共同体，包括他们的宗教共同体，而不是反过来。

32   第二个观察更深入，也更接近本章的主题，即法律已被侵蚀的道德根基。法律眼里的宗教与绝大多数美国人眼中的宗教大相径庭。任何字典都告诉你，宗教必然与某个在人之上的意义和价值来源有关，大多数人称其为"神"。被如此理解的宗教同个人哲学或人类习俗不是一码事。而就信仰自由而言，法院已把人们关于意义的超验来源的信念归纳并置于不受信仰限制的更宽泛的个人自治之下。"宗教"只不过是更宽泛的选择自由的某一个方面，它的根据不在于神或神对人所期许的东西，而在于个人的本真（authenticity）。

有关教会—国家法故事主线的高潮在美国计划生育协会诉凯西案（*Planned Parenthood v. Casey*）中涌现，最高法院 1992 年的这份裁决肯定了罗伊诉韦德案。凯西案法院把涉及法律对婚姻、家庭与性道德做出反应的几桩案子联系起来。法院问道，为什么我们的法律要"为个人在婚姻、生育、避孕（与）家庭关系上的决定提供保护呢？"这不是因为关于婚姻、家庭或宗教的道德真理。法院认为，它们背后的共同价值是个人本真。这些选择"对个人尊严与自治是至关重要的"。"在自由的核心，"法院因而得出结论，"是一个人自己定义存在、意义、宇宙，以及生命奥义的概念的权利。"① 换言之，"自由的核心"就是道德主观主义，而非客观的道德真理。这种只依自我就确定生命奥义由什么构成的能力被称为凯西案的"奥义通道"（Mystery Passage）。

得到恰当理解的宗教必与超验的、超自然的事物有关，"所望之事的实底，未见之事的确据"②。人有一种倾向，也即，要人而非神成为意义与价值的来源，如此被理解的宗教能阻滞这种倾向。上面提到的"奥义通道"颠覆了这种传统理解，在涉及至关重要之事时，它让个体意志成为价值的来源或判准。这是一个原因，即为什么我们对法律中的宗教自由怀有一种矛盾的心态：宗教自由，说到底与人有关，而人本身就是意义与价值的来源。

更紧迫的潜在危险是，道德客观本身的崩溃。如今，自由的基底——"核心"被界定为选择，而法院选择它是出于两个原因。第一，选择或多或少是均分的（equally distributed）：即便还没有这种现成的能力，但每个人都至少有这种潜力去思考和选择。第二，选择是尊严与自治的核心。选择使我成为我真正想成为的人。这两个原因共同导致的结果是，我的信念与行为值得完全的尊重，不是因为它们是真理，而只是因为它们真的是我的。

---

① *Planned Parenthood v. Casey*, 505 U. S. 833, 851 (1992).
② Hebrews 11：1 (King James Version).

因为我究竟是谁取决于它们，所以，批评我的信念或行动就是贬低和伤害我。平等地尊重我意味着，我对人生的理解与你的以及其他任何人对人生的理解被认为是同样真确的（或有价值的，或合理的），至少在法律上是如此。对法律平等的庄严保证就此融入了深陷于道德主观主义的"自由的核心"。

四、法律的道德根基

这种奇怪的价值倒转直接引出公共讨论的"透明性"（transparency）问题——我这样称呼它。当我们说色情物品、娱乐性麻醉药品、鸡奸或堕胎是丑恶的时，有时我们会说，那是"我的"看法，或"我的道德准则"的一部分。这种说话方式是"色情物品就是丑恶的"这个命题的一种无害化的（innocent）措辞风格。然而，考虑到我们的文化与法律深陷道德主观主义，当把这种措辞风格用于它们时，就会带来误导。沿用上述例子，当我们说色情作品是丑恶的时，我们将被听成是在说，"我的"道德决定了它是丑恶的。如此一来，这个判断就是一个关于我的事实。"你的"道德可能以截然不同的方式看待它。那我们该怎样办呢？

在废止保护公共道德的法律时，法官们普遍地存在"透明性"问题。正如在司法意见中出现的那些"透明性"问题所表明的，它依寄于一种判断。为了推进下面所欲想的论证，这个判断要被认定为正确的：对国家而言，一个判断是我做出的这个事实无法成为其采取某项行动的理由。我们宣称自己反对色情物品、滥交或娱乐性使用麻醉药品，事实上，这无法成为限制色情物品的公共政策的理由。它甚至根本不能算是一个理由，而仅仅是一个事实。在我们的文化中，这个事实最有可能被理解为有关某个人的感觉或情绪的纪实（report），就好像我们在说："我发现淫秽杂志令人厌恶。"但感觉同样也不是理由，无论它们如何强烈。

这种司法策略的实施要领在于：没有任何人真会认为，认定某观点的这个事实是一个行动理由，除非这个观点被认定为真的背后的理由得到了考虑。几乎没有人会说："我正在反对这个行为，因为我的观点是我正在反对这个行为。"相反地，人们会说："我反对，因为它是在以下方面是错误的……这是我的观点。"

例如，说同性性行为不对的绝大多数人，想表达的意思是，就每个人而言，它都是错的，它是客观地和绝对地不道德的。这个观点可能是错的。如果它的确错了，那它的错谬性本身就是抛弃这个判断及其可能推导出的任何结论的充足理由。如果一个人说，关于同性性行为的负面判断"仅仅是你的观点，而把你的观点强加于不共享它的人是不公平的"，那么这种说法就回避了对方宣称的这件事：对你和我以及每一个人而言，同性性行为是普适地错误的。说"它仅仅是你的观点"还是自我否定的（self-re-futing），因为人们也可以说，把一个人的观点强加于另一人是"错误的"这个判断本身也仅仅是你关于正义的观点——而把你的观点强加于我是错误的。

如上所述的道德判断具有不透明或不及物的（intransitive）性质，与此相反，至于许可色情物品、辅助自杀与同性婚姻等法律，支持它们的司法意见则是依据持有这个观点的理由，从而作

36

为透明性的意见被提供的。当法院提到其自身认可的道德观点时，法院并不在标榜这仅仅是它们基于司法感觉（judicial feeling）得出的看法。相反，当法院提出其自身认可的观点时，法院说正义就是如此，无须多言。除非涉及反对法院的这个观点的论证，否则，不会提到某个人关于正义的个人见解。那些与法院的观点相反的信念常被当作多数人的朴素偏好而摒弃。

美国联邦最高法院习惯打出"透明性"这张牌，以平息争议性问题。来看看劳伦斯诉得克萨斯（*Lawrence v. Texas*）这个案子。从建国的 1789 年到劳伦斯案的 2003 年，公共权威可以自由宣布婚外性行为是错的乃至将其归为违法行为。正如大法官约翰·哈兰（John Harlan）在 1961 年波诉乌尔曼案（*Poe v. Ullman*）中以支持的态度写道的，涉及婚姻的法律旨在"规定使用性权力的时间，以及孩子出生、长大的法律与社会环境，此外，禁止通奸、乱伦与同性性行为的法律则表达了对那些性交方式的否定……"①

劳伦斯诉得克萨斯案是两位同性恋者提起的一宗案子，他们在进行性行为时遭到逮捕。最高法院最终认定，任何对同性恋者性欲与异性恋者（包括已婚异性恋者）性欲的区别对待都是错误的，也就是"侮辱性的"、不公平地歧视性的、专横的。劳伦斯案的主要影响是，它推翻了大法官哈兰所提到的传统，即此案使得同意和隐私——而不是婚姻——成为有法律效力的性行为道德准则。劳伦斯案的推理给一种广泛关切提供了基础，也就是，此

①　*Poe v. Ullman*, 367 U. S. 497, 546 (1961)（哈兰持有异议）。

案将为同性婚姻最终得到宪法承认提供先例。联邦最高法院的大多数法官的确说，在婚姻、家庭、节育与生育的选择上，同性恋者值得与异性恋者受到同样的宪法保护。①

在策略上，成为标杆的劳伦斯案依赖于透明性问题与凯西案中所谓的"奥义通道"。大法官肯尼迪（Anthony Kennedy）所代表的多数派意见认为，社会"对一个深受其害的群体的仇视"是劳伦斯案的一个判决理由（同时也倚赖被指控的对同性恋者的歧视的另一宗案子，罗默诉埃文斯案［Romer v. Evans］②）。大法官奥康纳（O'Connor）在其个别意见中写道，"对这个群体（同性恋）的道德非难，比如伤害这个群体的一种纯粹的欲望"在我们的宪法中没有其立足之地。当然如此：一种被报道的感觉，或一种有敌意的声明，或有很多人都相信鸡奸是不道德的这个事实，都并不让鸡奸成为不道德的。它们当中没有一个是国家制定某项政策的好理由，因为它们都不能算作理由。大法官奥康纳因而准确总结道，在"伤害"他人的"一种纯粹的欲望"意义上的"道德非难"，不是一种正当的国家利益。③

然而，大法官奥康纳及多数派们都回避了真正的问题，他们用透明性问题促成了对真问题的避重就轻。如果我们不像他们那样假设，"道德非难"是一种非理性的偏见，那我们必然要遭遇一个额外的问题，而法院选择不去面对这个问题。也就是，同性

① *Lawrence v. Texas*, 539 U. S. 558, 574（2003）.
② *Romer v. Evans*, 517 U. S. 620（1996）.
③ *Lawrence*, 539 U. S. at 582（奥康纳并存意见）。

性行为真的是错误的吗？如果真是如此，那么，同性性行为对实践它们的人就是有害的。进而，如果这些行为对实践它们的人是有害的，那法律的制止就有助于他们避免行不道德之事、改善自身品行。鸡奸是错误的，体现这个命题的法律或政策如已就位，也有助于我们所有人。这样的法律将构成我们社会道德生态的一部分，并强化人们的这种信念——鸡奸是错误的，而这种强化将特别能教育年轻人，在对待性行为时，要找到正确的道路。

事与愿违，劳伦斯案法院正式宣布，暗示同性性行为为错的法律，对同性恋者而言是严重的不正义。法院声称，这种"不正义"是客观的和绝对的。它不是对大法官们的感觉的记述，也不是关于它们的一个事实。法官们借凯西案说道："我们的义务是界定所有人的自由，而不是去颁布我们自己的道德准则。"① 也许是这样：法官们"本身"的道德不是法律的根基，甚或根本不是任何东西的根基。它仅仅是关于他们的一个事实。他们想说的乃是完全不同但重要得多的事情。他们的意思是，在我们的宪法秩序中，没有任何人（包括他们自己）的道德观念能成为我们宪制中自由的根基。而这没有给客观道德留下任何余地：甚至连道德真理都必然是由某些人阐述的。

---

① *Lawrence,* 539 U. S. at 571 (quoting *Planned Parenthood v. Casey,* 505 U. S. 833, 850 [1992]).

第二章　法律、文化、道德与道德相对主义

假设你正在驾车回家赴一顿假日晚餐。天气晴朗，道路平坦，交通顺畅，交通指示牌规定的限速是每小时 60 英里。考虑到你车子的良好性能和状况，你判断自己能把车开到大约每小时 75 英里，也不会给别人或自己带来任何危险。你陷入思考："那我还应该遵守这个限速规定吗？"

透过你思想的窗户，我们看到，你相信，没有什么道德真理要求司机只能开到每小时 60 英里而不能更快。你认为，相关的客观道德规范是类似于"综合考虑所有相关条件，安全驾驶"这种更具一般性的要求。规定下来的限速是某些人，可能是州立法者对于这件事情的看法，即通常来说何种速度是安全的。而此时此地，你的问题却是特殊的。在你看来，安全不是唯一关切。因为真是这样的话，那法律就不如直接禁止开车。这样一来，就没有人会受伤。但与此同时，几乎所有人的出行也都成了问题。你因而总结道，规定的限速体现了安全和效率的一种平衡，而其他的平衡也可能同样在理。最终，你得出结论，每小时 60 英里是立法者在诸多合理选项中的一个选择。基于这条推理线索，你不

禁认定，你有给自己做出一个以每小时 75 英里行车的合理选择的自由。你已经准备好了说"冲啊！"

你有关最高限速的结论是不错的：它确实可能合理地波动。但限速是实在法的一部分，这种法由人之权威颁布（"制定"）。它不是神的指令，虽然有时——假如不是这次的话——法律也的确仿照道德真理：比如，伪证罪所对应的基本上就是"不可作假见证陷害人"。但最常见的是，法律是权威在两个或更多方案中进行的选择，它们中的每一个都是落实某个一般性道德要求的恰当方式，比如，以一种不会使他人或自身陷入危险的方式使用这条道路。因而，最终未被选择的那些选项并非不合理。它们仅仅是没有被选择，便没有成为法律。

有句名言是这么说的，"如果人人都是天使，那么就不需要政府了"。事实并非如此。在一个天使组成的社会中，不需要制裁或惩罚倒是真的。我们靠善意和每个人的自觉做可行之事。但是，几乎在所有协作问题上——包括善意者间的协作问题上——都不止有一个正确方案。事实上，经常是有很多个。假若没有对一项攻击计划的权威选择，一个天使组成的社会甚至都没法知道，在世界末日之战中什么样的行为才是"正确的"。对人类社会生活的反思告诉我们，像公平这样的普遍道德规范是基本的动能，它们使体面的生活得以可能，而对有效的协作而言，无论是在行车还是其他任何方面的协作，具化这些动能的权威的方式都是必要的。设想一下，假如人们可以随心所欲地选择靠道路左侧或靠右侧行驶，那会变成什么样子。

法律不是命令，但在解决任何共同计划、行动或项目所特有的合作问题时，它起到了同样的作用。一些受到公众认同的、明确具体的计划或安排对社会生活是必不可少的。因而，拥有一项共同计划在道德上是必要的，尽管道德并不要求任何一项特定的计划。只有选择能解决这个问题。①

在上述例子中，尽管你的推理过程听上去不错，但你的结论却是错误的。你认为，如果每小时 75 英里和每小时 60 英里一样合理——假定是这样吧，那么，即便法律规定的是每小时 60 英里，你选择每小时 75 英里也是合理的（正确的）。这个结论忽略了人们关于实在法所需要知道的最重要的事情，也就是，法律规范不是让你自己想想该怎么做的建议。法律是比建议强硬得多的规定。对人们来说，他们的法律就是他们的一个行动理由。法律规范是非常具体、强劲的理由：法律取代了我们自身关于该如何行事的无拘无束的慎思，即便我们的慎思是完全合理的。法律是一位善妒的主人，它要求良知的忠实和崇敬：至少在推定意义上，我们有遵守法律的道德义务。

作为司机的你所遇到的就是法律的这个特性。法律规范是"排他性"理由。"在我看来"，法律的"最基本的主张（是），它申明要指引我的某些选择，（并且）消解我在某些方面的自

---

① 使一般性道德规范具体化的过程对应的术语是"决断"。关于对这个概念的进一步解释，参见附录三。

利"①。事实上，法律所要取代的个人判断并不必然出于利己，因此，法律规范不只是要消解自利。法律对社会秩序的独特价值在于，它清晰而明确地指明了我们的合作方式。准确地说，它通过规定社会合作的一种方式，从而发挥其作用。法律一经制定，继续诉诸我们自身关于合作的认识就会削弱它的作用。

法律以或大或小的方式对社会秩序发挥自身价值。一种小的方式是，高速公路的限速；一种大的方式是，国家建设高速公路的决定。建立完整的州际公路体系，是一个由美国联邦政府的相关官员在 20 世纪 50 年代做出的选择。这个选择本可以不同。事实上，相较于我们，许多现代国家选择更多地依赖公共（主要是

43 铁路）交通作为城市间的联结。美国决定建设公路而非铁路，对国家有着巨大的、持久的重要性。从涉及农业政策、不动产业主利益与外交关系等的诸多合理选项中做出选择也是如此。

所有这些选择把美国塑造成了它如今的样子。这些选择中的每一个都本可不同，而倘若任它们真的不同了，那么美国也就不同了。即便我们或我们的父母抑或祖父母，为 50 年代未中选的其他选项进行了顽强抗争，但那至关重要的决定一经做出，那我们或他们就有遵照法律协同合作的道德义务。反对建设州际公路，并反对在它背后预置的承诺，即围绕内燃机建设国家，这都是合情合理的。甚至，真诚地相信州际公路及其衍生物将带来更多的损害而非

---

① John Finnis, "Natural Law: The Classical Tradition," in *The Oxford Handbook of Jurisprudence and Philosophy of Law*, ed. Jules Coleman and Scott Shapiro (Oxford: Oxford University Press, 2002), 8.

益处的人可能还负有反对它们的义务。当我们想到对石油的需求对当下的政治意味着什么时，我们可能会认为，当年反对州际公路的那些人没准是对的。然而，一旦这件事已经被确定下来，那么，他们拒绝为高速公路建设支付他们应付的税费份额，或者违反有争议的交通规则，就是错误的。建设高速公路，而不是建设铁路，这本身与正当或正直无关。根据那个决定协同合作不会让我们或我们的父母抑或祖父母实施不道德的行为。一旦确定了是建高速公路而不是建铁路，那么协作就是道德上所要求的。

我们回到高速公路驾车的例子。关于法律有着独特能量的联翩思考并没有触动你。你仍然坐在方向盘后面，每五分钟就不耐烦地看一眼手表。如今，另一种看待限速的方式出现在你的脑中，法律就是选择的前述观点，使你注意到它。一个不同的立法选择，比如每小时 65、70 或 75 英里，可能同你国家的立法者事实上已做出的选择同样合理。而你认为，相较于你在通行路标上看到的，一个更高的限速标准更合理。正如某些邻近的州规定了每小时 65 与 70 英里的最高限速，那些落基山区的州甚至规定了每小时 75 英里的最高限速。在德国，令人惊奇的是，它们的高速公路完全不限速。

你告诉自己，你所在州的最高限速是任意为之。它仅仅是某些身居高位的群体对相关事情的个人看法。你可能开始推测，一些立法者会从每小时 60 英里限速的选择中获得经济利益，而其他人则被"环保人士"忽悠了，他们说，更慢的速度意味着更好的环境。由此，你得出结论并对自己说："我没有义务遵守它。我可能会勉强遵从这个限速标准，但这仅仅是因为我吃不起罚单。我没有任何道德义务接受这条法律作为我自己的行动理由。我将做我乐意做的，并且支付该死的超速罚单。"

在某种有限的程度上，看待限速的这种方式也是正确的。我们能够把法律看作一个事实，一种纯粹被规定的东西。其他人在没问过你意见的情况下制定了法律。你可能从来没有为他们中的任何一个人投过票，由此让他们对你负责。法律甚至可能是愚蠢的。但法律就在那里，仍然以这副面孔凝视着你，就像今天的天气一样，超出你的控制。

作为一名司机，你正经受的诱惑是，超越对于法律作为事实的有限承认。你把法律想象成不受欢迎的侵扰，想象成对你真正想做之事不合理的妨碍，因为法律主张之于自利的优先地位。法律并不旨在同你的欲望、需求和目标分毫不差地保持一致。你想把最高限速当作一种条件触发的威胁：如果你超速并被拦下，那么，你必须得支付一笔罚款。仅此而已。你是否选择超速就变成了在你回家的欲望与那笔罚款之间的（受被拦下的可能性影响的）权衡。

奥利弗·温德尔·霍姆斯称这个观点为"坏人"看待法律的方式。在 1897 年的那场著名演说中，霍姆斯声称，"对法院事实上将做之事的预测，而不是其他任何虚张声势的东西，就是我所说的法律"①。"坏人"并不将法律规范当作行动理由。相反地，

---

① Holmes, "The Path of Law," 461.

他将法律规范当作一种指示（indication），即要是他选择走法外之路的话，什么将发生在自己身上。对他的决定至关重要的是，违反法律而行动的可能后果。

霍姆斯的"坏人"是当代法律现实主义的前身。典型的"法律现实主义者"否定法律规范构成了人们行动的真正理由，尤其包括行使司法权的那些人的行动。在"现实主义式"法官那里，法院的判决意见是一场满足公共消遣的修辞表演、一种意识形态的构建，或为了达成一个决定所必须写就的借口。每一个现实主义者都认定，这个决定是根据其他理由——往往是自利的阶级或经济的动机——做出的。当谈到那个普通的司机时，现实主义者追随霍姆斯的"坏人"理论：对于决定做什么来说，法律及违法的后果是重要的考量因素。但仅此而已，没有别的。不存在使法律成为我们的选择理由的道德义务。

霍姆斯的"坏人"不完全是一个虚构的形象。我们所有人有时的确会像霍姆斯说的那样，习惯性地看待法律；我们甚至可能常常囿于霍姆斯更了无新意的观点。但霍姆斯提出"坏人"，不是将其当作一个偶发性状态，而是将其当作一个规范性构念（construct）。从这个视角出发去理解法律，而不是仅仅把它理解为给偶发的不当行为提供合理化解释的工具。"坏人"不只示意我们在高速公路上加速行驶，它所带来的是一个比那大得多的野心。

然而，霍姆斯是错的：如果像"坏人"那样看待法律，那就不能得到对法律持续而融贯的理解。即便我们决定在州际公路上疾驰，我们也最好不要在教室里急行。我们可能会像霍姆斯所说的"坏人"那样偶然地做出选择，在高速公路上把油门踩到底（冲啊！），但如果我们把偶然的选择转变成智性的范式，那么我们就根本无法理解法律。倘若我们真的这么做，我们将会错失诸多有关法律的重要信息，即法律是一种赋序社会生活的有独特价值的方式。

霍姆斯的"坏人"的有限合理性，以及在公路上做一个"坏人"的冲动为法学生设置了一个诱惑的陷阱。毫无疑问，法律有"双重生命"。法律既是规定性的（"应当"），也是描述性的（"是"）。法律能从内部被理解，也就是，从慎思的、不断做出选择并自由地寻求与他人之协作的人的视角。照这样理解，法律规范几乎框定了我以每小时 60 英里的速度行车的选择。即便无须承担任何后果，我也要这么做。

法律也能从外部被理解，即它仅仅是关于其他人说过些什么的事实。我们总是谈到其他国家或宗教的法（laws），谈到物理学或自然界的法则（laws）。然而，这些"法"没有一个影响我们良知的慎思，没有一个主张指引我们进行选择的特权。

对法科学生而言，一个常见的危险不是义无反顾地采纳"坏人"视角，而是在内部视角与外部视角之间游移。当不服从法律有利于我们自身的利益时，我们就将法律当作一种外部侵扰，只介意不服从它的成本。然而当其他人破坏法律，特别是损害我们的利益时，我们可能又会回到一种法律规范必须得到遵守的道德视野：这人怎么敢强行变道插我的车！在班级里，当我们想要这个结果的时候，我们可能会采用内部视角：种族歧视是错的，真真切切、明明白白是错的，而那正是法律禁止它的原因。但当说起某些道德法则时，我们就又跳到外部视角：禁止婚外性行为的法律是历史的遗迹，几个世纪以来，这种法律一而再再而三地被制定，而那只不过是一个古旧世代的明日黄花。如今，还主张保留这种法律的任何人，就是想将他的道德强加于并不认同它的其他人身上。 48

这种游移不定可能被简单认定为是（但不仅仅是！）一个道德问题。它可能是一种投机主义的冲动，一种不公平地对待他人的冲动。而在这里，我们关注的是另一种问题，即一个理智（understanding），而非意志（will）的问题。在内部视角与外部视角之间游移不定或左右往返，显然会导致对法律，以及法律所涵涉的人（与人）的关系的误解。在视角之间游移不定是让可变的事实或描述来承担道德判断的任务。毕竟，在世界历史的任何时候，个体、小的群体，乃至大的社会，这些有关人的事实都在变化。个体或群体总是因时改变自身的想法。凯西案的"奥义通道"把主观主义置入法律的道德基底，而它后患无穷。此外，从以"好"人的方式到以"坏"人的方式理解法律，这种转变又引来了道德相对主义，而它带来的结果也未见得好。

真正的挑战在于，在不否认有关法律外部视角的真理部分的同时，保留法律内部视角。我们能在一个关乎法律的稳定叙事中，融合法律的"应当"与"是"吗？

是的，我们能做到。事实上，我们已经这么做了：整个第一 49

章描述了实在法是怎样一种宏伟的文化制品，或者（如果你愿意如此称呼它的话）一个产物。它为人制定，并作为一个给定之物向共同体颁布。但我们也看到，这个宏伟的体系是要用来服务于真正的道德目的，也就是法律所为之物或法律的目的。现在，我们所要做的不外乎深化和精炼第一章的观点。

约翰·菲尼斯写道，"为了正义和以良好的（道德的）方式永续昌荣的共同体……我们需要一系列规则、安排、程序、制度，以及有责并因而有权的人，这些（我们通常称它）是法律"。"法律"，比如说，印第安纳州的法律或英国的法律，是一种宏伟的文化制物，是人们为赋序其共同生活而制定的。为了正义的目的，我们需要这些规则是"清晰的、一般性的、稳定的、任何公正之人都能够遵守与理解的"。① 也可这样表述这个观点：只有当它具备稳固外在形式，就像它是社会交往的一个不容变通的事实时，法律才真起作用。此外，只有在人们自愿接受它，并内化于心的地方，法律才真起作用。

因而，法律权威是一种道德权威；法律推理是一种道德推理；法律规范是良好的（道德的）行动理由。这些全都是因为，法律是下面这个问题的答案：经过通盘考虑，对我而言，什么是该做的、正确的事情？通过提供我们在道德上（推定地或至少表面上看起来）有义务接受的指引，法律促进了那个问题的解决。当然，法律有时让我们去做道德认为我决不能做的事情，在这种

---

① John Finnis, "Law and What I Truly Should Decide," *American Journal of Jurisprudence* 48 (2003): 107, 112.

例子中，法律有道德约束力这个假定能被证伪，甚至要被放弃。因此，存在道德上能够得到证成的违法行为。[①]

那么，大多数人超速会怎么样呢？倘若很多没有超速的人是出于感性的理由，而不是因为他们认为超速是错的才不超速，那又会怎么样呢？换言之，如果大多数人认为超速没事，那会怎么样呢？如果大多数人在说起超速问题（或者就此而言，停车规则、商业规则甚或所得税的问题）时都是法律现实主义者，那会怎么样呢："法律"意味着为所欲为，并且接受可能被逮捕的代价？

带着这些问题，有些不同的东西进入了视线。我们已经认识到，法律是规范性的：法律旨在以提供行动理由的方式指引慎思。这也是得到批判性证成的道德发生作用的方式。我们也已经认识到，这两个规定性来源能如何相互融合。道德为立法者的权威提供正当性，因为在政治共同体中，它是一种特别有效的方式，指引和保障旨在共同善的协作。接受这种指引为"排他性理由"是合理的。如今，在一个社会中通行的"道德"，即所谓的"习俗性"道德，它作为你应决定做什么事情的一个竞争性指引而出现。

但我们仍面临很多棘手的问题。比如，让我们假设，你知道的大多数人都认为，超速是一件"很酷"的事情。他们说，按标牌限速开车是循规蹈矩者或"妈宝男"才做的事。进而，人们广 51

———————

[①] 关于如何化解在法律与道德之间的良知冲突的进一步讨论，参见附录四。

泛认为，警察会容忍实际车速高过最高限速每小时 10 英里。即
存在一种公路的允许（permissive）文化，这是一种与标牌限速相
龃龉的文化。

　　在这种情形中，法律的指引力不是被一条相反的习俗道德规
范，而是被我们称为文化的更大的意义与意象之网减损了。更准
确地说，作为文化的一部分，当习俗道德的指引力得到文化光泽
的润饰，尤其是那些激发我们的虚荣心与不安全感的文化（想一
想众多广告是如何将关于产品优点的有用信息与诱惑性的情感和
心理诉求结合起来的吧），习俗道德就有了更大的指引力。我们
此前已认识到，理解法律就是把它理解为真正指引性的，理解为
影响慎思与选择的。我们同样认识到，法律还是一种文化制物。
我们还认识到，人们如何能把自己国家的法律看作一种法律人类
学，把它仅仅看作有关有权者说过些什么的信息。事实上，对奥
利弗・温德尔・霍姆斯及其如今在法官与法学教师中的众多追随
者而言，这几乎是法律之所是的全部内涵。（关于规定性与描述
性法理论的更多讨论，参见附录五。）

　　到目前为止，我们认识到，文化与习俗能够成为指引力的对
抗性来源。理解法律要求我们把它看作与文化和习俗在指引我真
正应决定些什么问题上的竞争对手。那是发人深省的超速者问
题："根据法律、习俗道德和文化价值观，我真正应当决定做
什么？"

　　此时，理解法律开始有点像驾驶飞机。飞行事故并非必然发
生，误解法律也并非不可避免，但两者都容不下哪怕很小的失

误。从飞机翻转到坠毁尚有一长段距离，但研究法律陷入主观主义或相对主义，法律的基底立马就会被从你脚下抽走。想待在正确的轨道上，就要保持警醒与努力。不可能得到所有的安全提示，也没有写好的出行指南以供永远避免失误，更不可能提前打好预防针，也没有可使用的描绘所有活动零部件正确位置的巨幅三维示意图。学习理解法律不是学习如何使用一个小玩意，但细致的阐释将有裨益于并足以用于引导学生，使他们能独自飞过余下的路途。

文化包括考古学家与人类学家所研究的东西：陶器、洞穴壁画与宗教仪式上的骨灰盒。文化也包括对于富有表现力的艺术形式的研究与实践：绘画、雕塑、戏剧与文学。但说到底，文化是一个社会群体的精神世界——意义、意图、价值和重要性的领域——人们以自己的行动、实践和习惯创造它。许多人可能这样理解文化，即文化是他们身处的这个世界引导他们理所当然当作真的而接受的东西，包括在判断对错方面他们要接受为真的（合理的或可接受的）的东西。

研究文化的那些人想要以他们称为"无偏见的"或"价值中立的"方式认识文化。他们竭力把真（truth）的问题与真正的道德价值问题当作一种问题处理。从事人类学研究时，这个立场很重要。然而，拥有关于研究对象的某种道德信念，比如说，拥有关于活人献祭仪式的道德信念（moral conviction），并不会让解释者失去资格。要成为一名人类学家，我们实际上并非必须得是一个价值不可知论者。但人类学家的道德信念不能真正地有助于他描述某个群体的实践，相反地，无法控制住他的信念将妨碍准确描述。

本书的读者浸润在这样一种文化之中，相较于人类学课堂描述的那些社会的文化，它在价值负载（value-laden）上有过之而无不及。本书的读者不会信奉"船货崇拜"（cargo cult），几乎没有人会倾心于鬼舞（ghost dancing，鬼舞不是嘻哈热，它是早期美洲原住民的一种宗教仪式）。但文化就"在那里"（out there）常常有力地，有时甚至是决定性地影响我们的选择和行动。几个世纪以来文化已对人们产生的影响，看看便知。相较于初民（primitive people），我们并没有更多能力选择，作为生存选项哪些能或哪些不能进入脑中。比如，现在我们中相当多数的人不会相信魔法与占星术，因为我们生活在一种科学文化当中。但曾有数个世纪人们不可避免地相信魔法和占星术，因为当时的世界不是以任何其他的术语解释的。

54 　　文化能够禁锢我们的思想，乃至我们整个人。比如，在很多文化中，因为关于某个群体被烙印为劣等的错谬文化信念，不同种族或部族的人之间的真正友谊是没有可能的。《罗密欧与朱丽叶》（*Romeo and Juliet*）和《为黛茜小姐开车》（*Driving Miss Daisy*）等诸多故事令人信服地展现了跨越背景和种族的友谊是多么困难。人类学家告诉我们，英国探险家库克船长（Captain Cook）是如何因行为出格而被夏威夷原住民处死的，他并非不符合一位著名英国探险家的形象，而是不符合拉农神（god Lono）的形象——土著人把库克船长当成了拉农神的化身。[1] 在当今诸多的文化中，父

---

　　[1]　参见 Marshall Sahlins, *Islands of History* (Chicago: University of Chicago Press, 1985), 104-35。

母几乎不会像对待男孩一样对待女孩，因为他们的文化告诉他们，珍视他们的孩子，不是因为孩子本身，而是因为孩子能够为国家、父母和民族带来好处。被归于女孩的这种价值是周遭的文化偏见所导致的。

我们主要关心的法律，它和文化又有怎样的关系呢？文化形态向我们每个人传递了它们所表达的道德实在。（在第一章中，我们已经对此略有涉及，看到法律承认的婚姻是如何下渗式地影响普通人的现实婚姻的。）这些思想和行动的模式受到法律的决定性影响。很长时间以来，包括奥利弗·温德尔·霍姆斯成为伟大法学家的那个时代，美国的法与文化相安无事地共存着。彼时，"共同法"（common law）① 被看作文化的残余。法不是任何法官个人所说的那些话，甚或不是司法机关这个组织所说的那些话。相反地，法官所说的话被认为是这个法本身的表现。法律本身是人们的共同实践或习俗。

从霍姆斯的时代到今天，很多事情已经发生了改变。在我们的时代，共同法已经被成文法、行政命令、行政规则以及司法能动主义（judicial activism）所掩盖。法、文化与习俗和谐共生这个共同法时代的特征已经消逝了。一边是法律，另一边是文化和习俗，已然一分为二，而这种断裂引发了敏锐的评论者称之为

---

① common law 常被译为普通法，其中的"普通"和普通话的"普通"是同样的意思，即全国普遍通行、适用。但对初涉法学的汉语读者而言，"普通"一词易使其想到"平常"或"庸常"之义，或被误解为"特别法"的对立概念，即"一般法"，而原书使用这个词主要强调的是受文化影响所形成的共同的实践或习惯。因此，为避免读者特别是法学学生的联想，贴合该词在这个语境中的原意，这里把 common law 翻译成"共同法"。——译者

55

"鸡—蛋"的问题。① 一些人把法律当作解决文化积弊的方法，这些人视法律为文化的驱动力，就好像法律凭其自身就能克服文化制约和失范似的。他们往往没有意识到，法律要想取得实际成效，严重依赖于一个适宜的文化环境。如果他们的法律改革超前于文化状况，那最可能的结果就是，人们会无视法律。姑且称这些人为"自上而下的改革者"。

其他人则是"自下而上的改革者"。在着手法律变革之前，他们会把他们所有的精力放在改革文化（包括习俗道德）上。他们认为，除非美国的女人（和男人）已接受教导，从而理解了堕胎对他们来说是一种不值当的选择，否则，美国允许堕胎的法律就不应被修改。他们还说，"你不能把道德制定成法律"。② 堕胎应该是"安全的、合法的与不常有的"。这些"自下而上的改革者"信奉教育和文化的改革。他们的想法是，通过塑造人们的观念，使得他们既没有需要，也不想要堕胎。由此，他们也算是为法律禁止堕胎做好了思想准备。按照这个观点，法律是后挂车厢，是上层建筑，而文化是驾驶室，是指挥。

对于社会改造或变革来说，教育而非法律才是最好的方式，这是大多数人如今似已经默认的一个观点。然而，它建立在关于文化与法律之间关系的错误认知的基础上。正如枢机主教弗朗西斯·乔治（Francis Cardinal George）最近写道的：

---

① Francis George, "Law and Culture," *Ave Maria Law Review* 1 (2003): 1, 4.

② 关于"你不能把道德制定成法律"这个论断的一个批判性检视，参见附录五。

法律在美国社会有着特定的和独特的文化功能……我们
的文化的许多要素在很大程度上是由法律，而非血统、种
族、宗教甚至语言黏合的。这是我们所有人共同拥有的一个
主要的文化要素……相比于在指引我们方面，法律在教育或
教化我们方面是更为重要的……因此，我们势必想知道，在
（这个国家），法律是如何作为一个文化载体起作用的，而那
对普遍的（客观的、自然的）但受制于法律的文化体制而
言，比如婚姻、家庭（以及其他），又意味着什么？①

在美国联邦最高法院身上，我们看到了法律塑造文化的巨大
能量。在生育计划协会诉凯西案中，法院肯定了罗伊诉韦德案的
核心观点。② 它写道，"整个一代人已进入这样的时代：在评判女
性的社会行为能力，以及她们做出生育决定的能力时，会不受阻
碍地选用罗伊案的自由观"③。这将带来什么后果呢？"二十几年
来……由于节育失败可以选择堕胎，人们建立了亲密关系，并做
出了体现他们对自我及自身社会地位的预期的选择。女性能够掌
控自己的生育选择，因而，她们平等参与国家的经济与社会生活
的能力得到了更好的发挥。"④

凯西案法院谈论的不只是，自1973年堕胎手术合法化后成千

57

---

① Francis George, "Law and Culture in the United States," *American Journal of Juris-prudence* 48（2003）：131，133.

② *Roe*, 410 U. S. at 113, 153.

③ *Planned Parenthood*, 505 U. S. at 860.

④ *Planned Parenthood*, 505 U. S. at 835.

上万已经堕胎的女性，法院谈论的还是，罗伊案如何改变了广大女性的心理与自我认知、梦想与成就。（按照法院所说）所有女性享有最终"掌控自己的生育选择"的利益。允许堕胎的法律就像失业保险、医疗补助，或其他任何社会保障举措。也就是说，无论人们在钱财或工作上冒了什么险，无论人们的运气变得多么糟糕，人们都知道自己不会饿死，或因没有医生伸出援手而死去。同样地，无论一位女性在性行为或节育方面做出什么选择，她都知道总是有一种法律允许的方式，使自己在国家"经济与社会"的竞技场中保持竞争力。

然而，凯西案法院在面对允许文化时表现得过于被动（假定它对我们文化的理解是准确的）。事实上，当讨论的问题是基本人权的法律保障时，文化形态应该先往边上放放。最高法院在1954年正好采用了这个观点，它判定种族隔离是违宪的。布朗诉教育委员会（*Brown v. Board of Education*）① 这个案子被广泛认为是最高法院在历史上最辉煌的时刻。在裁定种族隔离违宪时，法院实际上并没有考虑文化问题。为种族隔离辩护的律师，约翰·W. 戴维斯（John W. Davis），是最高法院历史上的最佳辩护律师之一。他认为，隔离是正当的还是错恶的，在1954年不是重点。戴维斯说，相较于一种社会秩序是建立在种族隔离的基础之上的这个事实，有关正义的道德问题是次要的。戴维斯主要但并非仅仅提到了南方的习俗、道德观念与文化。南方的种族等级制在

① *Brown v. Board of Education*, 347 U. S. 483 (1954).

1896年普莱西诉弗格森（*Plessy v. Ferguson*）[①] 这件案子中得到了最高法院的背书。戴维斯的论证利用了法院先例的支持。在没有否认相关文化事实的同时，法院众口一词地宣布，"种族隔离本质上就是不平等的"。种族隔离是错恶的，因而是违宪的。

　　在布朗案中被废止的法律反映了那些实施种族隔离的地方的有权者的种族主义信念。很显然，这些法律沿袭了文化偏见。因此，看上去，自下而上的改革是能带来真正改变的唯一现实的机会。他们说，"你不能把道德制定成法律"。同时，支持南方的种族等级制的法律也为种族主义的文化信念推波助澜。"有谁会有片刻怀疑，"一位敏锐的作者问道，"那些法律所要求的隔离——导致了黑人（比如）必须被赶到穷乡僻壤聚居，必须在'仅供有色人种'的饮水器中喝水，在疲惫地走过白人身边后必须坐到车厢后排座位上——不会强化、传承并随着时间的推移而创造那种文化吗？"[②] 有谁能合理怀疑，种族主义法律没有构筑和维系一种种族主义文化，并且这种文化没有再反过来作用于法律吗？

　　布朗案与罗伊案成为客观的正义要求、实在法与文化关系之间关系的启发性研究案例。无论是单独拿出来，还是两个放一起，它们都无法反映所有的相关要点和细微差别。但就作为当下的例子而言，它们是够用的。现在，让我们转向习俗道德，以及习俗道德对法律形成的挑战。

_____

① 　*Plessy v. Ferguson*, 163 U. S. 537（1896）.
② 　F. George, "Law and Culture in the United States," 6.

　　我们对涉及基本正义问题的文化和法律所做的理解，也全都适用于习俗道德。习俗道德，即众人说的就是应做的正确之事。实施种族隔离之地的习俗道德以种族偏见为基础，或者说，种族主义支撑当地的道德规范，比如，"一名黑人男性不被允许和一名白人女性单独待在一起，但一位白人男性却被允许和一位黑人女性单独待在一起"。这些习俗规范体现在实在法之中。当一名白人女性控诉一名黑人男性性侵时，强奸几乎被断定。然而，当一位黑人女性控诉一位白人男性性侵时，他们则很少被起诉。假如没有法律准许，那么几乎不可想象，南方的种族等级制能存续 60 如此之久。从擅用私刑的糟糕经验中，我们也得知，如果没有对"恰当的"种族主义礼仪的法律准许，文化和习俗仍能自行其是。正如在《杀死一只知更鸟》（*To Kill a Mockingbird*）中阿蒂克斯·芬奇（Atticus Finch）的例子所表明的，无论如何，文化或习俗无一能移易客观的正义要求：我们想要别人怎样对待自己，我们就应当怎样对待别人。

第三章　宗教、道德与宪法

对包括本书在内的任何关于法律的道德根基的思考所必不可少的是，回应一个旷日持久的宪法异议。这个主张是，我们的宪法第一修正案不仅把宗教和国家，而且把公共生活从宗教伦理的影响下解放出来。这是一个有关实证法含义的主张。具体而言，这是一个关于解释我们的根本大法禁止"确立国教"的主张。然而，这个法律主张部分地取决于某个哲学观点，而这个观点的影响正是本书的核心关切。这个观点就是，"宗教伦理"包括客观的，即绝对的、普遍的道德。这个起支撑作用的哲学观点所体现的正是当代道德怀疑主义：理性不能为任何客观的道德提供基础，因此，所有这样的道德理论必然是启示（revelation）或宗教权威的产物，如果它们不是空洞无物或故弄玄虚的话。

不幸的是，最高法院近来的判决对这个宪法异议以及它所依赖的哲学立场提供了一些支持。最高法院和道德主观主义持续着危险的眉来眼去。当面对诸如堕胎与婚姻这样的道德议题时，几乎不要指望法官会肯定关于客观道德的可靠认知的存在。然而，法院的立场是飘忽、晦涩的，而且在以难以预料的方式不断发展。本章的任务是要说明，就其对宪法异议及其仰赖的哲学观点的支持而言，这些裁决是错误的。它们代表了对我们宪制遗产的一种司法倒转（judicial inversion）。

直到最近，我们的宪法传统都还以此为特征，即政府和宗教之间为了政治社会的共同善而相互协同，而在这种关系中的政府并不偏爱某种宗教胜过其他的，也并不胁迫任何人。这个传统肯定了客观道德法则的可能性，同时也承认，宗教支撑并促进伦理。而或许最重要的是，我们的宪法传统把宗教在维持人们的客观道德信念中所扮演的辅助性角色视为我们政治社会生活的一种受欢迎的，甚至至关重要的有益要素。

此处是对我们事关宗教、道德和法律的宪法遗产的一个生动例证：

在我们的宪法与《权利法案》制定的年代，有许多如今的中西部地区由美国国会直接管治。这片地区不像它现在，也不像当时的东海岸那样由很多的州构成。包括如今的俄亥俄、密歇根、印第安纳和伊利诺伊在内的连片地区当时被称为西北领地（Northwest Territory）。宪法规定，在美国的这片领地，国会有权制定"一切必要的"规则。如今，我们只有很少的领地：波多黎各、美属维尔京群岛、关岛、美属萨摩亚和密克罗尼西亚联邦。然而，甚至晚至1900年，成片的美国大陆都在国会的控制之下。比如，在1803年通过路易斯安那购地案（Louisiana Purchase）并入的领地，它包括北部和西部至蒙大拿、怀俄明、犹他与亚利桑那，南至俄克拉何马、阿肯色与路易斯安那，东至堪萨斯与密苏里的大片地区。

　　管治西北领地的基本法被意料之中地称为《西北法令》（Northwest Ordinance）。我们感兴趣的那个部分如此写道："宗教、道德与知识，都是好的政府及人的幸福所不可或缺者，学校及教育措施应永远受到鼓励。"

　　这句话完整表达了我们向来的国家承诺，即政府和宗教为了公共道德而相互协同。它也同样地表明了，客观道德与实在法是如何为了我们的善与我们国家的善而协同合作的。

　　无独有偶，同样的表述在 19 世纪也被美国国会多次使用；它还出现在其他的法案中，后者被制定出来成为幅员辽阔的领地的根本法律。几代国会议员都坚定信奉这句话所表达的命题。数以百万计人在《西北法令》及其有关宗教、道德与知识的表述的指引下生活。

　　"宗教、道德与知识，都是好的政府及人的幸福所不可或缺者……"我们的先辈坚定地相信这句话所言非虚。他们还说要我们鼓励办学。

　　换言之，我们先辈最终的结论是，因为宗教、道德与知识是必不可少的，所以，鼓励办学是重要的。但学校不要灌输知识——坚持"3R"原则①之类的；学校还要做涉及宗教和道德的一些有益或良好之事。当然，《西北法令》并没有明文说过，学校应传授或灌输宗教和道德，这仅仅是从现成的表述中推导出来的。但我们能确定的是，学校传授并促进知识；否则我们几乎无

---

　　① 尊重自己（respect for self）、尊重他人（respect for others），以及对自己的行为负责（responsibility for all your actions）。——译者

法想象，除此之外学校还能做什么事情。宗教和道德也被列载于学校的使命宣言（mission statement）中，正如我们如今所称的那样。那时，它们没有被做出区分，也没有人真想区分两者。对于知识，国会呈现了一种倾向性的判断，并且确定了把知识传播给下一代公民作为任务的机构。那个机构就是学校。从《西北法令》可以隐约看出，对于宗教和道德，国会有着同样的判断：它们是善好的，应该建立学校把那些善传承给下一代。因此，领地的学校有三个议题：宗教、道德与知识。

此刻，我们不是在谈论教区学校，因为在这个地区，它们本就非常少，甚至可能没有。我们在谈论的是得到政府资助的城镇学校，也就是公立学校。

《西北法令》不是一份陈词滥调的愿望清单，也不是一份为取悦公众而编制的无资金支持的任务。为了给这些领地带来宗教、道德与知识之益，国会做出了具体规定。在每一个城镇都有一小块地是为学校留的，而有另一小块地是为宗教留的，通常是留给最早提出要建造教堂的会众。

"宗教、道德与知识。"那是哪种道德呢？它不是凯西案"奥义通道"式的那种主观道德，按那种理解，适合你的就是对你和像你一样的人善好的东西，但对我并不一定如此。假如道德是主观的，那么，《西北法令》中的这句话就说不通。如果道德是个体化的，那么，学校能给全班同学教什么呢？如果道德是主观的，那么，在说它对人民、对政府是善好的时，能有可能的判准，甚或说得通吗？如果道德是主观的，那就不只存在一种"道

（64 在左侧页边，对应"令"字所在行）

德"（morality），而会有许许多多的"道德"（moralities），没有人能合理地判定，它们对政府而言全都是善好的。其中有一些显然就不是。

历史的真相是，早期美国的学校教导客观的道德，它是天主教徒和犹太教徒的共同道德。它是《圣经》的道德，是"十诫"以及诸如节制和勤俭这样的美德习惯。真相是学校教授这些崇高之事，直到 20 世纪都是如此。 65

这种道德与宗教是怎样的关系呢？在建国时期，一些人认为，人们需要宗教，从而知晓善好；另一些人则认为，人们需要知晓宗教，从而成为善好之人。第一类人相信，人类的智性与品格已受到罪的败坏，以至于善和恶在人类面前是虚浮混沌之物，变得转瞬即逝，因为人类会禁不住伪饰自身的罪恶行径。我们在自己的后视镜里看到的东西，很容易让我们相信自己没什么问题，甚至自我感觉良好。但宗教——更具体地说是启示，以及权威的教诲者（教堂）对启示的传播则从我们眼中卸除了这些障碍。

第二群人认为，尽管亚当和夏娃的堕落有败坏后果，但人类的心灵依然能把握道德之真理。通过并依靠理性，我们知道，某些行为在所有地方、所有时刻，对每一个人而言都是错恶的。通奸、谋杀和作伪证，在任何时候和任何地方都是错恶的。这些事情是错恶的，不是因为人们说它们是错恶的，也不是因为国王或立法机关说它们是错恶的。相反地，它们过去是，现在仍是当然错恶的。这些早期美国人相信普遍的道德规范，也相信，原则

66 上，只需依靠人的理性，这些道德规范便可得知。然而，这第二群人也承认，我们所有人要成为更好的自己，还需要外力相助，而在所有帮助中最重要的是宗教，因为它向正义承诺永久奖赏，向邪恶示现永恒悲苦。

《西北法令》强调，宗教、道德与知识这三样东西在学校里要得到教授，因为它们对另外两种善是"不可或缺的"："人的幸福"和"好的政府"。说到"幸福"时，这部条令的制定者不是指欢快、愉悦或消遣，而是指人的全面发展，也就是，道德善。我们的建国者据说也直截了当、毫无保留、大大方方地说过，人类善本质上是公事（public business）。善不仅仅是私事，更非——正如我们如今看到的那样——仅仅关乎品味或主观偏好。对于人类福祉的构成性特征，立法者要有自己的理解，否则，他们就不能促进"人的幸福"。人的福祉包括（但不限于）宗教、道德与知识。换言之，建国者们相信，法律服务于人，以及人在其中能得到发展的共同体。

与此同时，"宗教、道德与知识"是"好的政府……所不可或缺者"。《联邦党人文集》第 10 篇也表达了同样的思想，它是历史上由美国人写成的对政治理论具有最大贡献的单篇文章。在这篇文章中，詹姆斯·麦迪逊讨论了我们称为市民社会的民主所依赖的东西。麦迪逊说："共和制政府需要合乎美德的公

67 民。"[1] 跟其他国父一样，麦迪逊也知道，为大众福祉奋斗的非专

---

[1] 参见 The Federalist Papers, ed. Clinton Rossiter（New York：New American Library, 1961），346。

断政治制度要以它们所能采纳的方式受到限制，从而确保所有公民足够合乎美德，最终使得自由的实验获得成功。通过由公立学校促进知识、道德和宗教，国父的目的是保存和传承共和美德。

行文至此，我要重述我们在《西北法令》中的所见所得：宗教和道德是美好人生的一部分。政府应帮助人们成就美好人生。优良政府的实现取决于良善的人民。我承认，一直到 20 世纪，这都是我们这个国家占压倒性多数的人的观点，也是我们这个国家主流公共哲学的观点。时至今日，许许多多美国人仍深信这一点。

"二战"后不久，最高法院通过两个案子彻底断送了这种局面：1947 年的埃文森（*Everson*）案和 1948 年的麦科勒姆（*Mc-Collum*）案。法院重新确立了一条起效的政—教规范，从而取代了原先的理解。此后不久，这条规范就从公立学校抹除了所有的宗教痕迹以及大部分客观道德的证明。这套新规则对我们国家所有的政府机构都有约束力，大到国会，小到最小州的最小乡村学区。新规则是这样要求的：任何公共权威都不能帮助、促进或鼓励宗教，甚至在没有任何宗教受到歧视的情况下也不能这么做，甚至在完全没有人受到强迫的情况下也不能这么做。法官认为，如果这样做将违背宗教平等，而据说诸宗教之间的平等正是不立国教的原初意图。照此逻辑，他们也不会允许公共权威偏向宗教胜过"非宗教"。公共权威不能明说，也不能以任何方式暗示，对于人们、对于优良政府或同时对于它们两者而言，宗教是善好的。以这种方式"支持"（endorse）——法院最近的巧妙用语——宗教将违背宪法的"中立性"要求。

新起效的规范从公共权威的脑中清除了我们在《西北法令》中发现的这个命题,即宗教是美好生活的一部分。这条客观道德规范不能再成为政府官员的行动理由,就像相信非裔美国人具有劣等性不能成为他们的行动理由一样:相关的法律都是违宪的。随着宗教被驱逐,客观道德也很快接受审判;世俗主义者的尖刻言语很快就将客观道德降格为"宗教伦理"的代名词。新规则也将信教自由归为确立国教的某种表现或迹象。甚至在(正如埃文森案中一样①)对信仰者的公共援助——比如资助上天主教学校的儿童乘坐校车——事实上有助于人们实现自由选择的宗教承诺的地方,法院也要将它们一棍子打倒。相较于帮助人们真正成为他们自由地选择想要成为的那种人,维持政府所谓的宗教"中立性"更有吸引力。

69　　大多数宪法研究者都会同意,过去的情况恰恰相反:不立国教是信教自由的一种手段或条件。人们享有信仰自由的一种方式是,免于受强迫去支持或服从某个教派或教会。无怪乎约翰·考特尼·默里(John Courtney Murray)在谈及埃文森案和麦科勒姆案时说道:"宪法第一修正案完全被搞反了。那个说法不过是法院的胡诌乱扯。"②

为什么最高法院在 50 年前抛弃了我们的宪法遗产?为什么

---

① *Everson v. Board of Education*, 330 U. S. 1 (1947).

② John Courtney Murray, "Law or Prepossessions?" *Law and Contemporary Problems*, 14 (1949): 23.

法官们背弃了在《西北法令》中发现的真理？我们知道，反法西斯主义战争再次唤起了美国民众对"民主"的深切认同。在"二战"中，我们为"民主的生活方式"而战，这是一种在品格、信念和灵魂中有其深厚根基的政治文化。然而，"民主"或"民主理论"被分成了两个阵营。

一个阵营坚持很像麦迪逊早先详细论述的那些信念：共和政府需要合乎美德的公民。而"二战"后，其相反阵营将道德真理视为一个幻影，一种迷信。一旦它占据了民众的大脑，不是导向彻底的法西斯主义，就是直接导向威权主义。这个阵营支持一种实用主义的科学精神和道德上的相对主义，而它最终获胜了。因此我们能够看到，"二战"期间及战后不久，在最高法院的案子中，我们的"民主的生活方式"甚或我们的"民主信念"与世俗主义两者的显著关联，特别是在公共教育之中。

70

这里是一份关于麦科勒姆案口头辩论要点的精要阐述。它发生在 1947 年 12 月 8 日，也就是在引起轩然大波的埃文森案的十个月后，埃文森案反对任何由政府提供给宗教的帮助，即便这种帮助是非歧视性、非强制性的。大法官法兰克福特（Frankfurter）向约翰·富兰克林（John Franklin）发表了这个观点。后者是为某个学区辩护的律师，该学区应父母们的要求，准许对孩子们进行宗教教导。

我再次重述我的问题：一方面，我们有一套美国的学校体系，它与民主的生活方式密切相关；另一方面，我们还有我们人民的宗教信仰。问题在于，将宗教教导引入公立学校体系，是否是我们在我们的民主制度中应该有的事。

法兰克福特自己回答了这个问题。因为一些宗教群体反对学校的分时课程①，所以它是"冒犯性的"，因而会引起"争议"。② 至少对于法兰克福特而言，它和我们的民主不相容似乎是板上钉钉的事。

法兰克福特的问题中最值得注意的是，一种政治过程——民
71 主——对一种文化体系的推进。借由法院权威性而被吸收进宪法，这种新的"民主信念"获得了至上的规范性地位。说其后果是革命性的也并不为过。

---

① 也被称为分时计划（shared-time plan）。通常指适龄学生被允许一边在私立学校（典型的是教区学校）上课，一般是学习涉及价值判断的课程，比如基督教教义；一边还在公立学校上课，一般是学习不涉及价值判断的课程，比如科学、数学和外语。分时课程可能被用于改善那些在非公立学校就读的孩子所能接受的教育，允许他们到接受更多财政支持的公立学校学习相关课程。但本案的情况是私人宗教组织前往公立学校开设宗教课程。——译者

② "Oral Argument on Behalf of Appellee Board of Education," from *McCollum v. Board of Education*, 333 U. S. 203, reprinted in *Engage: The Journal of the Federalist Society's Practice Groups* 5 (April 2004): 145.

第四章　犯罪与刑罚

我们能靠很多有效的方式将法律的领域图表化或视觉化。在美国，我们依两轴划分政治权威与法律权威。联邦主义指的是，将公共权威垂直地划分为国家的、州的、地方的或市的权威，并伴随着国际法缓慢且有时颇有争议的介入。权力分立则指的是，将公共权威水平地划分为政府的立法、执行和司法部门。

另一种法律图景是被视觉化为四分格。四分格的四个角分别是宪法（根本法）、成文法（立法机构所设定的法律）、普通法（基本上是法院所确定的法律）以及甚或更具重要性的行政法规（比如，美国国税局的规则或环保法规）。在这个方格边框之外的是国际法，它有一个其自处的独特位置。

法学院则呈现了又一种法律图景。通常的课程安排看起来像是一座金字塔，学生们从必修课的广阔平地向上攀爬到达研讨课之类更集中、更专门的研究。一般而言，第一年的学习包括最一般的课程：合同法、财产法、侵权法、宪法与程序法。第三年通常会加入"专精"课程，比如专题研讨课、实习和某些法庭辩论之类的实践课程。

然而，无论在哪幅法律世界图景中，刑事司法都占据着突出位置。虽然它不如著名的索尔·斯坦伯格（Saul Steinberg）画的卡通地图上的曼哈顿那般突出——发表在《纽约客》上的那幅地图极尽细节地描画了曼哈顿上西区，甚至包括第九大道上的路缘石和消防龙头，而哈德逊河对岸的世界则被呈现为诸多小块的、空白的区域，以 Jersey 和 Japan 标名——但已经大差不差了。

什么是"刑事司法"呢？首先，它是针对犯罪的法律。在刑法课上，学生们学习到，该如何区分谋杀与恶性更轻的过失杀人。他们学习到，该如何区分各种类型的"盗"，比如盗窃、抢劫和挪用公款。他们被教会，是哪些情节使抢劫、入室盗窃或人身侵害从三级（最不严重的）上升到一级。

刑法研究几乎普遍被认为就在于掌握犯罪要件，也就是，"行为"（刀子插进被害人的胸膛）、"意图"（故意地）、"结果"（被害人死亡）和"背景情境"（被害人是一名警察）的组合，它使某个行为成其为一种特定犯罪（此处构成的是对一名警察的一级谋杀罪）。

73　　与各种犯罪相伴相生的是"重罪"与"轻罪"的区别。重罪是要遭受超过一年监禁刑的那些犯罪。所有的重罪又进一步从 A 到 E 被划分成不同等级，而每个等级都对应着一个明确的惩罚区间。B 级重罪可能被处以最高 25 年的监禁刑，而 E 级重罪最高可能是 4 年。

这部分法律完全是制定出来的。在美国，不存在所谓犯罪的普通法。也就是说，如果某个行为没有写在成文法典中，或者没被冠之为一种"犯罪"，那么在我们这个国家，它就不是可提起公诉的一项恶行。而如果你想知道可惩罚的犯罪有哪些，那么，请去成文法典寻找它们。哪怕再普遍的道德谴责都不能让一个行动变成一桩犯罪。当然，很多可以想象得到的道德上最凶残的行为就是犯罪。

在任何刑法课上，都有很大一部分内容无关乎学习犯罪要件或刑罚分类，而完全涉及道德。这些部分包括关于这些概念的不加粉饰、清晰直白的陈述，即人的行动、自由选择、道德责任，以及结果公平性。我说这些是"不加粉饰"的，是因为我们所谈论的不是片断的、破裂的法律视角下的基本道德观念，我们所谈论的是真正的道德大事。刑法的另一个重要部分是，关于娱乐性吸毒、赌博、卖淫与其他不当性行为等这些我们称为"无受害者的不道德行为"（victimless immorality）是否应当入罪的问题。这更多是一个哲学而非法律的问题。①

一年级"犯罪"课程上的"常客"是这个案例，女王诉杜德利与斯蒂芬斯（*Regina v. Dudley and Stephens*）②。两名遭遇海难的水手——被告人——杀死并吃掉了漂泊在同一艘救生船上的一位奄奄一息的船舱服务员。他们预料，在任何可能的救援到来之前，这名男孩可能就会死掉。除非他们把这名男孩吃掉，否则，他们也会死。杜德利与斯蒂芬斯最终得救。他们随后坦陈了这件事，接着被控告谋杀罪。法院判定他们有罪，并处以绞刑。最

---

①　附录五回顾了围绕"无受害者的不道德行为"所展开的著名的"哈特-德富林论战"。

②　*Regina v. Dudley and Stephens*, 14 Q. B. D. 273（1884）.

终，女王出于宽赦将他们的刑期降低至 6 个月监禁。

杜德利与斯蒂芬斯案蕴含着丰富的道德寓意。第一个道德寓意是，在法律面前，每个人的生命是道德平等的。奄奄一息的船舱服务员处在濒死之际，他确实将会很快死掉。即便被告人的悲厄预测——我们只有吃掉这个孩子，我们才有可能活下来——是真的，但无论如何，那个男孩享有和被告人同样的不被杀害的权利。幸存者被判处谋杀罪，就像是他们冲进幼儿园，射杀了一名健康的孩童。

第二个道德寓意是对第一个的补强。两名水手进行了一个不成功的"证成"辩护。证成关联于这样一种情况，即某些行为通常属于犯罪，但在特定实例中，这些行为会被认定为好的或可取的（"可证成的"）。典型的例子有：在熊熊大火中，为阻止火势蔓延，拆毁一所房子；为拖住前进的军队，水淹农民的土地；为反抗强奸犯，使用可能致命的回击。说这些行为是可证成的，法律是在说，处于这些情况的任何人所做的拆毁一间房屋、淹没农民的田地或者在自卫中打击强奸犯的事情都是正确的。

第三个道德寓意体现在两名水手失败的"免责"辩护。免责关联于坏的或不可取的犯罪行为。社会无法从这类行为中获益，处在那种境况的人应避免施行这种行为。然而，有时要求人们恪守这项法律却是强人所难。一个被免责的人，就是被认定为不负刑事法律责任。精神失常是一个免责理由，而在暴力或受害的胁迫下行事的人通常也会被免责。法院认为，这两名失事船只的水手须承担高度道德责任——即便有点苛刻，以展现构成刑法之物的严峻性。

就刑法的正义性及其可理知性而言，显而易见，它依赖于对基本道德原则和概念的一种可靠理解。但是国家施加从罚款到监禁再到死刑这一系列惩罚这一核心现象又如何呢？国家的这种行为在道德上如何能得到证成？

惩罚通常就是，政治共同体的行政部门，即国家对心有万般不愿的社会成员所强加的某种审慎的褫夺或伤害。无论惩罚采取的是肢刑、赔偿或是监禁的形式，这个问题总会到来，即这种严峻的强加是道德上可证成的吗？这个问题在法学院经常被当作惩罚的"要旨""目的"或"原理"处理。它通常是刑法课的第一个论题。

在刑法教材中，一长串的惩罚目的包括威慑、改造与褫能。它们都涉及惩罚一名已定罪的罪犯，目的分别在于抑制其他想实施类似犯罪的人，或使罪犯的境况好转，或隔绝囚犯与守法公民。然而，问题在于，虽然这些目的可能都是正当的惩罚的间接目的，但都无法为惩罚某人提供道德证成。相反地，只有"报应"（retribution）能做到这点。但在法学院，报应基本是被忽视的，而在那些报应被提及的地方，它也几乎总是被误解的。

这里是一个忽视和误解报应这个概念的典型例子。最高法院肯尼迪大法官在2003年美国律师协会年会上发表了关于惩罚的尖锐评论。一石激起千层浪，美国律师协会做出强劲响应，即"肯尼迪委员会报告"（Report of the Kennedy Commission）。肯尼迪的这次演说被广泛誉为富有洞见的，是集体行动的嘹亮号角。委

76

婉地说，他引起了共鸣。

然而，大法官肯尼迪仍不过是隔靴搔痒。在某一处，他说
77 道，"为了维护法律、确认受害者所遭到的困厄与威慑将来的犯
罪"，惩罚是必需的。"但犯人也是人，他（她）也是人类大家庭
中的一分子。"随即，肯尼迪大法官也承认："有关惩罚目标的争
议很难有定论。"他随后补充说道：

> 预防和褫能常是正当目标。某类罪犯在被逮捕之前会实
> 施许多罪行，因此，一个有罪判决可能反映了他们数年来的
> 犯罪活动。而改造的实现，也有其现实的限制。但不管怎
> 样，我们还是必须努力地缝合两边：一边是有关改造的恰当
> 的怀疑主义，另一边是不恰当地拒认美国超过两百万犯人是
> 人类……①

寥寥数语，肯尼迪引出了关于惩罚的很多困惑。比如，他悄
然绕过了这个根本性问题：什么在道德上证成了对两百多万美国
人的监禁这种极端的强制？他使用了"目标"这个词，而非道德
证成的概念。因而，他的言下之意就是，这个问题关乎对效率的
非评价性的手段/目的测试，或是关乎某些技术性的东西，正如
我们在第一章中通过"好的"或"坏的"棒球运动员所看到的。
然后，肯尼迪把两个"目标"对立而置：一面是"预防"和

---

① Justice Anthony M. Kennedy, Speech at the American Bar Association Annual Meeting, August 9, 2003, http://www.supremecourtus.gov/publicinfo/speeches/sp_08-09-03.html.

"褫能"，另一面是"改造"。接着，他含而不露地主张，改造"肯定"了罪犯的人性，而"预防"和"褫能"则没有。很明显，肯尼迪的意思是，"预防"和"褫能"牺牲了罪犯为人的尊严。尽管如此，他还是补充道，"预防"和"褫能""常常"是"正当目标"。肯尼迪对报应则只字未提。

可问题在于，肯尼迪口中的那些目标，即便被宽泛地解释，也无一是惩罚罪犯的核心道德证成。威慑、改造、褫能、赎罪与（受害人与犯罪者的）和解，顶多算是惩罚的间接目标。倘若没有位于核心的报应，单单这些目的自身并不能证成对任何人的惩罚。

让我们说说报应，首先要澄清有关它的一些错误认识。报应不是同态复仇，也就是"以眼还眼"的复仇法则。① 要想照字面意思适用"以眼还眼"规范，有组织的共同体必须——同时在逻辑上与道德上——准备好去做其最卑劣的个体成员做过的所有事情。但我不相信，任何社会能把道德标准降到其最卑劣的罪犯的尺度。可以确定的是，"以眼还眼"是在《圣经》中的。但经学家已经提供理由让我们相信，"以眼还眼"的目的是限制报复行为，以使其不超过所造成的损失，这在逻辑上至少不意味着，也无法推导出一个至少要报复到那些损失的命令。

报应不是要教导公众去仇恨一个臭名昭著的罪犯；它不是要

① 参见 Exodus 21：24，Leviticus 24：20，and Deuteronomy 19：21。尽管通常认为这个概念来源于《希伯来圣经》，但它也明显地出现在其他来源中，比如《汉谟拉比法典》。

引导对一种可憎的犯罪的反感。报应不是复仇（revenge）。报应
不受气愤、仇恨或任何其他情绪的驱动。同样地，报应也完全区
别于共同体的愤怒（outrage）。

虽然法哲学家哈特（H. L. A Hart）是如此暗示的，但报应与
对作恶者施加苦厄的"内在价值"几乎（即便有的话）毫无关
系。① 哈特认为苦厄有其"内在价值"的这个想法令人不解。苦
厄必定是一种褫夺、一种损失、一种困扰，或者对事物原本发展
势头的一种阻碍。如此描述的苦厄是坏的东西，而根据定义，坏
的东西没有"内在价值"。如果它有内在价值，那就意味着它是
好的东西。看起来，哈特实际上思考的是这个事实，即看到行不
义者为他们的犯罪行为"付出代价"，我们会感到释怀。然而，
那个观点所涉及的是苦厄的工具价值，而非其内在价值。

关于一个具体的被告人应该受到怎样的惩罚，报应几乎没有
告诉我们任何东西。在惩处罪犯时，立法和司法权威必须（且正
确地）在公平和合比例性上做出诸多重要选择。它们受到很多影
响，比如，对犯罪所施惩罚之恰当性及其在刑罚体系中的一致性
的一种感觉。换言之，虽然道德反思能够告诉我们，人身攻击和
偷盗是犯罪，却不能告诉我们，要因那些犯罪施加何种褫能。对
某个特定行恶者的惩罚不能从任何单个因素推导而出，它必然涉
及一个由理性引导，但又不受其支配的决定。

---

① H. L. A. Hart, "Prolegomenon to the Principles of Punishment," in *Punishment and Responsibility: Essays in the Philosophy of Law* (New York：Oxford University Press, 1968), 1, 8.

　　说到现在，报应到底是什么呢？报应关乎在法律之下，或者准确地说是在政治社会之中生活的众人的平等和公平。如果没有建立政治秩序，人们将会做他们想做的任何事情。正如霍布斯所预言的那样，他们的选择不必然导向一个为无法控制的自利所支配的社会。① 当政治秩序缺乏时，一些人仍会理性地，甚或利他地行动，并寻求合作以实现共同利益。然而，不会有能达成合作的方式。在与他人合作的恰当方式上，每个人必然运用其个人判断。恰好相反，政治社会提供了一个达成合作的权威框架，借由这个框架就排除了其他所有合理的选项。在这样一种体系下，个体自然会接受对依赖其自身关于成功合作的个人判断之自由的限制。

　　我们已经在高速公路限速的场景中讨论了法律对社会秩序的独特贡献。考虑一个更简单的例子。靠路的右边驾车还是靠左边驾车都并非不道德的，它们都有可能被选作道路规则。但如果不想造成灾难性后果，那就不能两个同时选。同样地，逃避所有权威的选择也是灾难性的。在确定司机应靠右行驶之后，政治权威可以恰当地惩罚那些继续靠左行驶的人。像是这样的法律规范以具化与他人的公平合作应采取的确切形式的方式指引人们。它们把道德责任从一般性的变成具体而明确的。"以一种守序的方式驾驶"包括汽车与行人要在路的右边活动的责任。法律告诉人们

80

81

---

　　①　参见 Thomas Hobbes, *On the Citizen*, trans. and ed. Richard Tuck and Michael Silverthorne (Cambridge: Cambridge University Press, 1998), 26-31（最初在 1642 年以拉丁文出版，题为 *De Cive*）。

要如何确定在某种情况下谁有路权。简言之，具体的法律规范告诉人们要如何有效地公平对待他人。

重要的是，法律一旦出台并运行，正义就要求个体接受政治权威所具化的那种自由和限制。每个个体对每个他人都负有放弃其在"自然状态"中将拥有的甚或在一个不同的法律秩序中将享有的自由的正义义务。通过接受政治社会所建立的这套机制并遵守其要求，所有人的自由得以平等化。

犯罪行为常常涉及对某个人或某些人的不义：被欺诈的老妇人、被虐待得遍体鳞伤的妻子（或丈夫）、被劫走汽车的倒霉的行人。但也并非总是如此：许多犯罪是"无受害者的"。在这种情形中，说不出哪个具体的人受到了某种特定的伤害。有时，这种伤害是具体但弥散的，比如叛国、在宣誓后向国会撒谎以及偷税。有时，这种伤害是对一种集体的善——比如公共道德或公共和平——的伤害：在大街上吵架、公开猥亵、赌博或闹哄哄地聚会。然而，在犯罪中总出现的是：罪犯侵害他人的自由，以自顾自地达成其计划和项目，尽管法律对此做出了限制。经过思考，我们看到在犯罪的例子中，整个共同体凭借法律让每一位成员自我克制随心所欲行事的自由，但这名罪犯没有做到。罪犯越界了。因此，犯罪最大的错误不在于一名罪犯对一位特定个体造成了伤害；而在于罪犯不公平地主张权利，以一种突破法律所界定的共同边界的方式追逐其自身利益或计划。在这个意义上，除了罪犯本人外的整个共同体都是犯罪行为的受害者。罪犯的侵害行为对其他每个人都是不公平的。他得到了不应得的好处，多过那些恪守法律所规定的限制形式的人。①

惩罚的目标是撤销罪犯恣肆意志而提出的大胆而不正义的主张。惩罚的本质就是强制犯人的意志，使其随心所欲行事的自由受到褫夺；惩罚的本质就是通过褫夺作为其自身行动唯一作者的罪犯的权利，从而限制他的意志。惩罚修复由罪犯的行为所打乱的相互限制的根本性公平和平等。通观一名罪犯的惩罚过程——比如，他的监禁刑期——他对自由的侵害借由接受施刑被抹去、解除。社会被修复至以前的状态，即在法律之中相互限制的平等最终——再次地，这是在道德意义上——恢复如初。罪犯偿还了自己对社会的欠债。

值得牢记的是，维持社会对法律的尊重，促进守法必然要求
的限制和克己的态度，会带来一个巨大的共同利益，毫无疑问是一种共同善。破坏法律则减损了这种巨大的共同善。破坏法律轻贱了公平、平等和社会秩序所必需的一种习惯或态度，从而使每名社会成员的利益受损。

如今，我们就能想明白，为何我们国家的诉讼总是将整个共同体列为起诉方或受害者。在美国，起诉方总是政治共同体，典型的是州或人民或联邦，比如，"纽约州人民诉约翰·琼斯案"。不同的是，英国的刑事诉讼以"女王或国王"（Regina/Rex）起头，这反映了英国的传统观念，即罪犯的侵害首先且主要是对君

---

① 惩罚可能恰当地包括给受到某种特定犯罪行为具体侵害过的某个人一份恢复原状令（order of restitution），但除此之外，任何这样的具体侵害同时也是对全体社会造成的侵害。

主之和平的侵害。

报应能够解释和证成惩罚的另一个标志关乎"犯罪"课上的一位"常客"。为救其他人而惩罚无辜者，这个问题是惩罚理论面临的最严峻的挑战之一。假如公共权威只需绞死一个实际上无辜，但公众认为有罪的人，就能平息暴动和骚乱，那该怎么办呢？在报应撑起惩罚的道德证成的理论中，惩罚无辜者这个问题能轻易且令人满意地得到解决。

除了报应之外，其他所有惩罚的目标都能通过对犯人定罪判刑得到实现，不论他们的反社会行为究竟是什么样的。事实上，84 所有这些目标都能通过惩罚无辜者得到实现。根据威慑理论，这种情况是可能的，即如果普遍和平能由此得到保证，那么，为展现法律的威严，一名无辜者必得被牺牲。无论是施加于有罪者，还是施加于无辜者，惩罚的执行都必然能实现威慑这个预期的目的。让我们想想治疗意义上的改造，抑或道德意义上的改造。人们几乎不会说，法律之锤必须只能打到那些被公正审判犯某罪的人身上。某些人需要道德上或心理上的帮助，而这与犯罪行为无关。假如我们的目的只是隔离或褪能那些危险分子，那么，在我们把他们关起来并丢掉门钥匙之前，我们就只能等着，直到他们真的伤害到某人。然而，我们为什么要等着呢？至少在某些情形中，在现实危险出现之前，我们就能提前预判到某个人是一枚行走的定时炸弹。随着我们心理分析水平的提升，我们对此很快就会有信心，即预防暴力行为的上策是预测暴力行为。因而，我们可能会把那些对遵守法律构成威胁的人赶到隔离区。照这个逻辑，为了追求国家的目标，有罪之人和无辜者之间的界线就能被打破。因此，那条界线有时就会变成一条任意的分界线，只有极度谨慎或懦弱的人才不敢穿过它。

　　然而，惩罚无辜者会阻碍，而绝非促进报应的目标。在报应论的框架下，惩罚没干过坏事的人会适得其反（counterproductive）。如果一个人没有因实施一项犯罪行为而破坏社会平衡，那么，伤害他也就无法修复那种平衡。让一名无辜者招供自己将要做什么胆大妄为的事情是不可能的，因为根本就没有任何东西可招供。惩罚无辜者不是惩罚，而是迫害，一种新的对社会平衡的扰乱。此外，惩罚无辜者还纵容了真正的罪犯，他们实施了某种犯罪却逍遥法外，同时也容许了罪犯侵害的自由得不到恢复。

结 论

很显然，包括这本薄册子在内，没有任何单本书能可靠地指引学生踏上并走过法律与道德发生交叉的所有道路。但毋庸置疑，在任何法律研究的当代著述中，那些交叉路口才是最重要的节点。

如今的法学院能够提供我们想知道的关于法律的所有信息。如今的法学课上充斥着关于这个或那个人的道德信念的讨论，法律图书馆填满了关于"法律与道德"的书籍。然而，关于最重要的这件事，即如何把一个得到批判性证成的道德与对法律实在性的适宜承认结合起来，却没有多少值得称道的成果。这本指南想要填补那个空白。

但在这本指南沉默之处，学生们又可转向何处呢？一个地方是过去。用非常概括化的话来说，在 1960 年后的很短时间之内，我们关于法律与道德的理解就崩塌了。请注意："非常概括化的话"意味着，虽然过去众多误入歧途的思想盛行（比如，霍姆斯的思想），但还是有主流的反思和实践卓有成效地把宗教、道德与法律结合起来，而这种导向能在旧的书籍和司法意见中被发现。阅读它们，并且——用非常概化的话来说——别管你的教授对它们做的修正主义解释吧。

　　此外，还可以阅读那些前赴后继踏入冷落之地以期复兴和重塑传统的作者们，仅举几例：罗伯特·乔治、哈德利·阿克斯（Hadley Arkes）、玛丽·安·格伦顿（Mary Ann Glendon）、拉塞尔·希廷格（Russell Hittingger）和约翰·菲尼斯。此外，法学学生们还能看向哪里呢？看向他或她从事法律研究的同事们。在我们的法学院里，这样的学生越来越多：他们不为霍姆斯的怀疑论所动；对他们上岁数的教授们炒冷饭的激进主义不感兴趣；对自己的客观道德信念坚定不移（在某些情形中，他们甚至寻求传统宗教教义的支撑）。因此，对于这些法学学生们而言，忠告如斯：找寻彼此，信赖彼此，学习彼此，共同精进智识。

附　录

一、道德中立

第一章的要旨是阐明在我们法律秩序的"基底"或根基处发生的向内的——也就是，自我指涉的（self-referential）以及合意驱动的（consensus-driven）——转向。说起法律是为了什么，我们的立法者已就政制的至善（summum bonum）形成共识。但问题在于，在政治总账的收方一边，我们发现了像堕胎和对婚姻的当代攻击这样的严重不正义。向内转向本意是减少在重大道德问题上潜在的社会分化。然而，更可能的是，这种转向反而引起了分化，正如围绕罗伊诉韦德案日益加剧的不睦之声所表明的。归根到底，向内转向的前缘是标志性的现代自由主义教条：对于什么构成一种康乐人生的"中立"。在自由主义这方面的影响下，对人而言真正善好的东西，被认为是一个并不正当的法律基础。

　　让我们以婚姻为例，展示自由主义的"中立"是如何发挥作用的，与此同时，也阐明它的局限性。许多人说，就他们个人而言，他们相信婚姻是一个男人和一个女人的结合。许多这样的人与异性结婚，而且他们不能想象，一些人对性别相同的人会有吸引力。假如他的孩子决定要与性别相同者结婚，他会感到非常失望。当然，他们也经常说，假若国家将婚姻法律建立在一个充满争议的道德判断的基础之上，包括这个事实上既是他们的，也是大多数人的判断，即婚姻是一个男人和一个女人的结合，这是错的，甚或是严重不正义的。他们的考虑是，在关乎婚姻性质的相互竞争的众多理解之间，国家应是中立的。他们说，国家强制推行某一个人关于婚姻的道德准则，并将它确立为所有人务必遵照执行的模板，这是错的。

这种理解婚姻的方式，以及围绕婚姻的公共讨论，会遇到致命的"透明性"问题。正如我们在文中所述，人们真正想说的不是，他们的婚姻（或几乎所有其他的道德问题）观念凭靠的是这个事实，即这个观念乃是他们的观念。他们想说的是，他们是基于其相信并支持的理由才提出的某个观点。可以看出，端赖透明性问题，中立教条才获得了某种程度的有效性。而一旦我们识破了"透明性"问题，就完全没有理由采纳中立教条。

有时，这个古典自由主义观点会按照接下来的思路展开：婚姻的确是一个男人和一个女人的结合。在许多宗教中，婚姻是圣事（或一种类似的神圣关系）。尽管这是有关婚姻的真相，但这个定义的宗教渊源让它无法成为一个适宜的法律基础。按照这个思路，人们会说，婚姻的确是永恒的，而离婚是不被允许的。严格来说，离婚甚至是不可能的。然而，人们也能融贯地说，法律不应以不对离婚做出规定的方式践行这个观点。 89

这也是错的。关于婚姻的自由主义中立的经典命题的言外之意，仅仅通过启示或仰赖宗教权威，一夫一妻或性别互补这样的东西才能被视作婚姻必不可少的要素。就这一点而言,古典命题显然是错的。几乎所有人类社会都将婚姻理解为一个男人和一个女人之间可有生育的结合,无论那些社会流传的是怎样的宗教信仰。

应以一种"中立的"方式定义婚姻,这个命题又怎样呢?在这个观点,即法律应当脱离关于婚姻的真相,还有这个观点,即法律不应脱离关于婚姻的真相之间保持"中立",逻辑上是不可能的。换句话说,我们无法靠任何的"中立"原则判定这个问题,也就是,婚姻法应该是中立的吗?这本身并不意味着,当涉及婚姻时,必须拒斥国家中立。它只意味着,支持实践中立这个观点的正确性必须得到证明,而仅仅轻飘飘地说"中立"是不够的。

老练的道德中立的支持者主张,我们的社会关于政治道德的最佳理解要求法律在婚姻上保持道德中立。他们认为,"关于政治道德的其他理解,就其没能意识到道德中立原则而言,是……错谬的,本身就应被拒斥"①。

但请注意,在婚姻或任何其他类似的事情上,法律应当保持道德中立,这个主张本身就是一个道德主张。法律应当中立的这个主张不是道德中立的。正如罗伯特·乔治教授指出的,认为规范婚姻及其他任何制度或实践的法律规定应当保持道德中立的任何人,都没有主张,也未曾假定这个立场,也就是,在确定法律

---

① Robert P. George, " 'Same-Sex Marriage' and 'Moral Neutrality,' " in *Marriage and the Common Good*, ed. K. Whitehead (South Bend, IN: St. Augustine's Press, 2001), 83.

在相互冲突的道德观点之间做出决定时是否应当中立的过程中，法律应当中立。① 他说，"在中立和非中立之间中立，逻辑上是不可能的"，这是"显而易见的"。②

二、隐私等

作为一个关乎社会的事实，道德分歧能够且应当，甚至必须得到审慎立法者的不同形式的考虑。然而，审慎立法者需要检视道德分歧，但又不落入道德主观主义。不像凯西案中的最高法院，审慎立法者要去探索自由能够且必然建基于客观道德规范的道路。

有时，法律通过宣称某件事是私事，就此绕过道德分歧。隐私意味着，一个决定或行动不关法律的事。说一个决定，比如，一个人该跟谁结婚，不关法律的事，这就避免了赞同和谴责。你对配偶的选择仅仅是你自己的事。

过去的一个多世纪，我们的社会关于隐私的讨论常集中在"卧房之地，警察不得入内"。更宽泛地看，这必然涉及别干涉他人。不干涉每一个人意味着，对不同的人所做之事一以贯之的正面或负面道德评价，就像在地铁里不干涉每一个人无外乎意味着对所有人手捧的读物一以贯之的认可——它们可能包括《战争与和平》《疯狂杂志》《花花公子》或其他别的读物。

① Robert P. George, "'Same-Sex Marriage' and 'Moral Neutrality,'" in *Marriage and the Common Good*, ed. K. Whitehead (South Bend, IN: St. Augustine's Press, 2001), 83. (下文几段有不少内容赞同了乔治教授的论证。)

② Robert P. George, "'Same-Sex Marriage' and 'Moral Neutrality,'" in *Marriage and the Common Good*, ed. K. Whitehead (South Bend, IN: St. Augustine's Press, 2001), 83.

最高法院在 1965 年对格里斯沃尔德诉康涅狄格州案（*Gris-wold v. Connecticut*）做出的判决为我们确立了当代的"隐私"教条。[①] 它表面上是一桩涉及节育的案件，具体来说，是对"康斯托克法案"（Comstock Laws）的挑战——这种法案曾经盛行一时，如今已隐入尘土——它规定分发避孕用品是不合法的。法官们提出了一系列纷杂的意见，但最终的结果足够清楚：这部法律违宪。得到恰当理解的隐私如何能有助于我们超脱（transcend）道德分歧，对此，格里斯沃尔德案仍不失为一个好的例证。

在格里斯沃尔德案中，法官避免说存在一种使用节育用品（包括在婚内使用）的宪法权利。这个案件的重心在婚姻的隐私。法官们说，它包含享有婚姻之友谊所要求的保密性，以及这种友谊所要求的在自己家里的空间隐私。法院的意见提到"丈夫和妻子的亲密关系""婚姻关系相关的隐私"；最后还提到对婚姻的这种理解："无论好坏、冀望长久，亲密无间到了神圣的程度的结合。"[②] 法院所言聚焦的不是特定的性行为，也不是节育用品本身。本案的意见都避免表达有关节育道德性的判断，包括支持的和反对的。

在非婚性行为或其他道德问题上持有不同道德观点的人能共同生活在政治社会中。比如，我们在美国就是这样做的。但成功地生活在一起，要求国家不在道德上支持不道德的行为或关系。就不雅杂志的道德性不能达成共识的两个人却可能会同意，一个

92

---

① *Griswold v. Connecticut*, 381 U. S. 479 (1965).

② *Griswold*, 381 U. S. at 480−83.

成年人阅读这些杂志不关国家的事；就有关宗教的真相存在争议的两个人也可能会同意，国家不是他们这场纷争的合适公断人。因而，如果法律避免支持，或隐含地把正面道德评价赋予实际在道德上不足取的行动，那么，人们就能够在分歧之中共同生活。

有时，法院和立法者会宣称某个限定领域（卧室）或某些没有争议的行动（两个达成一致的成年人私下实施的行为）不关国家的事，从而尽力避免可能引起争议的道德判断。我们对那个判断，包括更一般而言的隐私的范围是会有分歧的。但无论那些分歧多么地激烈（可能无法化解），它们都不是关于性道德的最根本的分歧。最根本的是关于政治共同善的范围、有为的国家行为的限度的分歧，是关于具体的宪法条文含义的分歧。把一种大争论转向一种至少不是道德上过载的小争议，这种政治审慎使我们的航船避开了道德的浅滩。

然而，立法者意识到这种回避争议的技巧的局限性是绝对必要的。贯穿本书，乃至包括附录一，我们已了解到，法律是为了正义，而这意味着，法律必须恰当地识别正义的对象——人，并对人们最重要的共同体，即以婚姻为其基础的家庭，以及宗教社群实践正义。在这些根本要事上，追求合意会直接导致根本的不正义。

在不陷入道德主观主义的同时避开道德分歧的另一种方法在所谓的"包容"中得到体现。"包容"是隐私的近亲。当公共权威"包容"某种行为时，这意味着，尽管被包容的行为可能会在不损及正义的情况下被禁止，但人们还是能自由地如其所愿行

93

事。"包容"传递出的是，这项行动是不可取的，并可能是不道德的；它传递出的还有，在某种原则层面上，对于国家而言，打击这种行动并不是错的。

94   在西方政治思想史中，教会—国家的关系一直是"包容"演绎与"权利"概念之较量的剧场。几个世纪以来，政治统治者说要"包容"某些宗教群体。这意味着，压制，至少歧视那些宗教是正当的，即正义的。自我们的建国时刻始，接下来的几个世纪，宗教自由被说成一项"权利"。这意味着，对于国家而言，压制任何宗教都是错的。除了宗教行为推定会引发社会动乱的情况。

"包容"反映了这个判断，即总体而言，尝试压制这种行动将可能弊大于利。娱乐性吸食大麻、不检点的性行为、赌博以及某些情况下的卖淫，像这样的很少甚或没有对未达合意之人造成损害的各种不道德行为因为这个理由而不断被去罪化：权威认定，强制性禁止将弊大于利。这可能是1933年撤销禁酒令的宪法第二十一修正案背后的思考。

第三种审慎的立法技巧促进了一定程度的个体自治，但同样是在没有败坏国家关于道德上真正值得珍视之物的理解的情况下实现的。色情物品是一个例子。如今，很多人为色情物品辩护，说它是无害的，甚至对一些人是有益的。这些判断是新近的产物。甚至在色情物品早已得到包容的地方，它当时也在道德上被谴责为丑恶的。

95   如今，因为某个理由，色情物品能够被合法地获得。这个理由超出了我们刚刚谈过的"包容"，也超出了关于法律强制的界

限的关切。这个理由必然涉及以下这个审慎的思考，即谁有资格
做出这个判断。判定某些杂志与音像制品是淫秽物品的人也可能
会判定，法律不应干涉面向合意的成年人的这个市场。在不以任
何形式撤除客观道德对色情物品的谴责的情况下，人们仍能做出
判断，授权国家来判定要禁止哪本书会比书本身给共同体带来更
大的恶害风险。

是更少，还是更多恶害，这个判断不是受到逻辑而是受到经
验的影响。它还依赖现实的环境以及关于这些事实的审慎判断：
对这些毫无营养的读物的需求有多广泛；如果不采取法律行动，
供应情况会如何；法律规制的成本，以及在陪审员那里获得对色
情作品制作者刑事定罪的可能性；那些负责判断何种读物要被禁
止的公职人员的判断和品格；一旦不再进行法律控制，文化约束
力能多有效地反对色情物品；诸如此类。

三、决断

实在法有一种明显首尾乖互的性质。它能让昨天还是道德上
无关痛痒的一件事，今天就变得有道德约束力。今天，居民能自
由地在所在郡县的户外焚烧树叶，明天，他们就不被允许。法律
一般是以这种方式运行的：在一部新法的生效日期那天，其管辖
范围中的那些公民的法律连同道德义务改变了，仅仅是因为某个
相关负责人做了什么或说了什么而已。

焚烧树叶的例子表明，公民的义务来源于立法者的意志，某
人如此这般说（say-so）至关重要。这被称为"法律的唯意志论"

(legal voluntarism)。然而，立法并非源于立法者或法官的意愿，也不是源于他们个人的身份或特质，而是源于他们的公职以及在政治共同体中相互协同的道德要求。有一个强劲的道德理由，在政治共同体中，得有某个人或某个组织有改变为了共同善的社会协作之模式的责任和权威。

望着落满树叶的院子，居民与我们的高速公路驾驶员体会到同样的冲动，这是打破似乎不过是一种任意施行的法律，挣脱一种缺乏任何真正道德必要性的讨厌的限制的那种冲动。毕竟，我们的驾驶员是这么想的：以每小时75英里的速度驾车不会错。如果真错了的话，那么，西部州或德国的每个人都在不道德地行动。类似地，我们的居民也会想，在户外焚烧树叶不会错，因为如果那是错的，那我们直到昨天都在不道德地行动。

打破法律是有诱惑力的，不只当这样做能让我们更方便，或说这样能让我们更高效地实现自己的目标。有时，我们想打破法律以实现崇高的目标。有时——尽管这种情况非常少——打破法律在道德上是正当的，即便它在法律上不是正当的。在彼处，如在法律的边缘、背后和下方若隐若现存在的宏大道德原则诱发了本意良好之人的强烈冲动，他们要走出界限，打破法律。公民常以这种方式想事情。必要的纠偏能在第二章和第四章找到，在那两章我们理解到，借助并通过法律的节制与他人协同合作的意义和价值。

如今，是时候思考一下，同样的诱惑是如何影响行使公共权威的那些人的。真诚地希望做好自己工作，保护公民使其免遭犯罪戕害的公职人员为了做到它，会"把法律握在他们自己手中"。为了给坏人定罪，保护好人这种更大的裨益，他们有时会忽视或违反旨在保护犯罪嫌疑人免受搜查和审讯的法律规定。这在某些宪兵，以及他们对有犯罪嫌疑的恐怖分子的处理上可能早已发生。（自不待言，警察常常被那些可能并不完全理解公职人员两难处境之要求的人指控为不正当地破坏了法律。）法官也受到宏大的道德原则的强烈诱惑，最高法院的大法官更是如此。在上文中，我们已经看到，罗伊案法院是如何依赖于一个相关的断言，即永恒的道德善——按照法官的理解，也就是"隐私"，对怀孕的女人应该意味着什么。同样的司法创制已引发了法学界围绕这个问题的一场论战，即对法官而言，解释和适用宪法意味着什么。大法官斯卡利亚（Antonin Scalia）以及其他原旨主义者指控，有害的"司法能动主义"（judicial activism）就是穷尽宪法文本并抓住某个更深层的道德原则的法官的司法哲学（化）。为了澄清这些争议，需要被正式引入的基本概念是决断。这是它的运行方式：关键在于一头的规范、规则或标准——所有这些都足够具体，能在具体案件中实实在在地指引判决——与另一头的原则之间的区别。可以指引判决的一个规范、规则或标准包含对某种行为的描述：因某项更宽泛和更重要的原则，照如此描述的这种行为必须不能（或必须，或可能）被（在下列情形中，被这些特定的人）实行。

　　一项"原则"是一个规范的正当性依据。因此，举例来说，宪法第五修正案包含一个与某种行为，即迫使某人自证其罪有关的规范；还包括一条与这种行为有关的指令，即不要实行这个行为。这个规范能被归入一项或多项原则，也就是让某人成为自己控告的工具，让某人在藐视法庭、作伪证或认罪之间进行选择，这些都是不公平的。宪法第四修正案说，除非是在某些特定条件下，否则不得发出搜查令。这个规范具化了一条作为其正当性依据的更宽泛的原则，而我们在这个规范的前文发现了它：禁止不合理的搜查和扣押。具体规范背后的原则或价值还可能是非常宽泛的，比如所谓隐私。再看另一个例子，传闻证据排除规则是排除不可靠的证言这个规范的一个具化规则，其全部目的是确保理论上能有一场公平审判。

从原则到规范的推导不是演绎式的，也不会得出一个必然的推论。这种推导比演绎推理更自由，更富创造性。从原则到规范的推导受到理性的引导，而非由理性所决定。事实上，为数众多的可能的具化规范对应于大量的行为描述与长串的评价性指令，它们或多或少全都合乎一条或数条给定的原则。（再次回想一下我们的驾驶员，以及艾森豪威尔政府建设州际高速公路网的决定。）为数较少的可能的具化规范因其完全不合理，根本不合乎主导原则而被剔除。

但请注意，从原则推出规范的人是在行使一种立法式的（legislative-like）权威。从规范倒推出原则，又时刻准备顺推出规范的人，是在（再次）主张一项立法式的权力。在宪法背景下，它就更关系重大。深挖文本以支持自以为然的文本背后所谓的价值或目标，或重新处理需要文本做出回应的罪恶，这样的人是站在了制宪者的位置。这么做的人势必要重写宪法。如此一来，法院似乎就感觉自己只受在我们的宪法序言中能找到的国家 100 的宽泛目的的约束，如自由（liberty）、富裕（prosperity）与国防（defense）。① 如此一来，法院似乎就相信，法官被授权根据他们自身关于良好公共政策的观点，而为我们的时代革新宪法。

这就是关于"司法能动主义"的深切担忧背后的哲学根由。与其说它事关司法哲学化，不如说它事关对立法权威的司法僭越，以及对人民制定与己息息相关的宪法之权威的司法僭越。

四、道德良知与法律良知的冲突

关于把法律的基底落在客观道德上，一个对应的反对意见是这样的：它难免消解法律规范的实在性。它的意思是，以良知之名，道德将排斥实在法，而法律秩序的巨大禆益也就此丢失。

这是一个简略的回应：客观道德中没有任何东西要求分析者，或正在慎思、选择和行动之人拒斥法律的实在性。每个人都能够，并应当区分某个共同体的体系内（intra-systemically）有效的法律与批判性道德的要求。

把法律的基底落在客观道德上的这个常见的反对意见值得进一步的回应，而这个回应体现在对这个问题的回答之中，即一个

① 美国宪法序言由一句话，52 个单词构成，这句话中的 liberty 和 defense 都在其中出现，但 prosperity 其实寻不到踪迹。事实上，无论是这个词，还是 liberty 和 defense 都是作者本人所使用的概括词：liberty 对应的是 the blessings of liberty，defense 对应的是 common defense，而 prosperity 则是 general welfare 的同义替换词。在布拉德利以及其他新古典自然法理论家（比如约翰·菲尼斯和罗伯特·乔治）那里，prosperity、welfare、well-being 这些词常交替使用。——译者

101 相信客观道德秩序的法官能做出与实在法相符的判决吗，即便所涉及的实在法是不正义的时候？答案是肯定的。法官能够，并且应当区分某个共同体的法律和正义的要求。这种有限的实证主义要做的是，区分在此地或彼地被认作法律的东西与正当的、真实的或正义的东西。这种区分厘清了法律的渊源与大体上任何人都可能，或必然做的事情。

批判性道德说过，法官的义务不过就是在道德与实在法冲突时，根据自然法做出判决吗？绝非如此。为把批评性道德的要求转化成实在法，需赋予一名法官多大的立法权威，以废止他认为不正义的法律？这个问题是一个实在法问题，而不是一个道德问题。在赋予法官多大的立法权威上，不同的政治体制有理论和实践上不同但均属合理的做法。即便某个法官所持有的义务观使他成为一位"实证主义者"，他的实证主义也并未将其放在自然法的对立面。

法官负有适用于我们所有人的讲真话（truth-telling）的义务。如果实在法与道德冲突，那么，法官就不能对此撒谎。如果他的义务是依据实在法做出判决，那么，他必须或者（1）这么做，或者（2）要求把自己撤换掉。如果他能在不让自己在形式上或不公正的实质上助长实在法的不道德，且还能不让自己的丑事曝

102 光的条件下根据不道德的实在法做出判决，那么，他可以合法地这么做，但他也可能会合法地要求把自己撤换掉。但如果达不到这些条件，那他就必须要求把自己撤换掉。

让我们分析一下堕胎，并以大法官斯卡利亚为例。我们假定

他相信，堕胎是不道德的，允许堕胎的法律是不公正的。他坚持认为，宪法对堕胎未置褒贬。假如印第安纳州限制堕胎，甚至禁止堕胎，其在做这件事情上跟加利福尼亚州推行自主堕胎是一样自由的。如果大法官斯卡利亚真诚地相信，宪法未能保护未出世的人——他的确如此相信，那么，他就负有不对此撒谎的道德义务。然而，如果撒谎是被允许的，比如，因为好的或恰当的理由，那么为回避如实地陈述自己关于实在法的理解将带来的不正义后果，认为堕胎等同于谋杀的一名法官就会暗自证成一些有关宪法之含义的错谬断言。但不正义的法律仍然是法律，尽管它们不像正义的法律那样具有良知的约束力。当然，如果法官对有关法律表述的真实意见就是，允许堕胎的法律是宪法所允许的，那也没什么可说的。

除了可以依据实在法做出判决，还可以要求把自己从这件案子的审判工作中撤换掉或干脆辞职。但无论走出哪一步，都要公开透明地陈述如此这般做的理由：对负有司法职责的人员抱有信任的人们有权被告知，为什么基于无亏的良知，无法在本案中履践司法职权。

五、"你不能把道德制定成法律" 103

法律不能让一个人变成好人。法律主要关注外部行为，并不关注那些内心（以及意愿和意图）之事，而正是后者区分了那些真正的好人与随波逐流的人及趋炎附势者。法律说，当某人被传唤到法庭时，他必须提供证言。法律并不关心你来作证是不是仅仅为了博取关注，而不是想为社会做点事情。法律不关心你管住自己手脚的原因，法律只关心你是不是这么做了。

　　一方面，没有任何东西能真的让一个人变成好人。我们只能自己让自己慢慢成长为好人。我们通过基于正确的理由做正确的事完成这个过程。没有人能为了别人去做一个好人，就像没有人能为了别人去信仰一个宗教。另一方面，法律的确能够帮助人们使自己变成好人。正如罗伯特·乔治写道，禁止某种不良行径（vice），尤其是禁止那些与性相关的不良行径的法律能够通过（1）预防习惯性不道德行为引发的持续性堕落（self-degradation）；（2）预先阻止施行未受法律规制的不道德行为给他人树立的不良榜样；（3）"有助于维护人们在其中做出道德上自我建构（self-constituting）之选择的道德生态"，很多时候，我们称它为法律对一种道德正派的文化的支撑；（4）"教育人们什么是道德正当的而什么是错恶的"，从而帮助人们自身形成一种端正的品格。[1]

104　　难道乔治教授认为，要在法律中全面地强制贯彻道德义务吗？显然没有。在美国政治中，没有人会认为法律应当复刻道德。其中的一个起因是塑造了我们文化的基督教信仰，以及自最早一批清教徒在马萨诸塞州落脚时起就确立的基于此信仰的法律。基督教规定了信仰者对神、对他人以及对基督徒共同体的道德义务，这些根本不关国家的事。换言之，基督徒坚持认为，教

---

[1]　Robert P. George, *Making Men Moral: Civil Liberties and Public Morality* (New York: Oxford University Press, 1993), 1.

会而非国家指引人们通往好生活。

如今，关于所谓"法律道德主义"仍存在激烈争论。仅拿出两例：通过我们关于"透明性"问题以及劳伦斯案的讨论，我们对这种主义已略有所知。随着更少的人视"无受害者的不道德行为"为错恶的，也随着凯西案"奥义通道"的影响，更多的人视道德为主观的，相关的争论愈演愈烈。

事实上，关于"无受害者的不道德行为"的争论在 1957 年就以其合时的形式出现了。彼时，以约翰·沃尔芬登爵士（Sir John Wolfenden）为首的蓝带委员会（blue-ribbon commission）[①] 向英国议会建议，成年人之间彼此同意的同性性行为不应再被视为犯罪。围绕其他一些彼此同意的不道德性行为、娱乐性吸食毒品、卖淫以及某些形式的赌博，很多相同的观点自此登台，并持续涌现。

"沃尔芬登报告"引发了 20 世纪法学史上最著名的辩论，涉 105 及牛津大学法哲学家哈特与高等法院法官帕特里克·德富林（Patrick Devlin）之间的一系列学术交锋。[②] 这份报告关于同性性行为的主张依赖于一个充满争议但影响广泛的观点，即"像这样介入不道德的行为并非法律的职责"[③]。

[①]　负责调查、研究或分析特定问题的专门小组，一般由专家学者或知名人士组成，他们以自身的专业性和客观性闻名，沃尔芬登委员会就是其中一例。1954 年，英国政府宣布将成立一个皇家委员会专门负责调查同性恋和卖淫问题，时任雷丁大学副校长沃尔芬登爵士被任命为主席。1957 年，该委员会以 12 票对 1 票的多数建议不应再把同性恋作为犯罪。——译者

[②]　参见罗伯特·乔治在《使人成为有德之人》（*Making Men Moral*, 1993）第二章中对这场论战极具说服力的分析。

[③]　Report of the Committee on Homosexual Offenses and Prostitution（1957），as quoted in R. George, *Making Men Moral*, 49 n18.

德富林的基本批评是，对于法律的可及范围，没有任何"理论上的"限定。没有任何行为能说是先验地或原则上不关法律的事。① 虽然哈特没有直接说自己支持"沃尔芬登报告"的推理，但他攻击了德富林的观点。哈特说道，"无理论上的限定"的主张要么被当作一个经验性断言，要么被当作一个必然真理，这是错误的。社会常态性地经受着社会成员基本道德观念的转变。有鉴于此，哈特得出结论：臆想一旦这种转变出现，我们就必得说，一个社会已经分裂，而另一个社会取代了它，这是荒谬的。②

有必要强调，虽然在论战中德富林通常被视为"保守主义者"和"传统主义者"，但他仅仅在一种很有限的意义上如此，因为德富林否认任何客观道德的可能性。可以说，他在他的社会理论上是保守主义者，但在道德理论上却不是。德富林批评法律应教化美德这个传统观念，说"对于盎格鲁–撒克逊的脑子而言，它是不可接受的，它……摧毁了良知的自由，铺就了通往暴政的道路"③。事实上，在伦理学上，德富林支持一种（限定的）非认知主义（noncognitivism）：基本的道德真理无法通过理性获得。在这个方面，他与哲学家大卫·休谟（David Hume）站在同一条战线上。

我们现在能理解，德富林想说的是，没有特定种类或类别的

---

① Patrick Devlin, *The Enforcement of Morals* (New York: Oxford University Press, 1965), 14.

② H. L. A. Hart, *Law, Liberty and Morality* (Stanford, CA: Stanford University Press, 1963), 50-52.

③ Devlin, *The Enforcement of Morals*, 89n67.

行为能说自己"原则上"（先验地或绝对地）不会对社会凝聚力构成威胁。任何行动，包括吃肉、吃鱼、多偶制和一夫一妻制，都有可能败坏、侵蚀人们赖以相互融合并形成社会的道德承诺。德富林认为，如果某些行为破坏了一个社会的构成性道德——不管这是一种什么样的道德——那么，为保护社会免遭这些行为可能带来的解体后果，法律对道德的强制实施就可以得到证成。把这个观点简单地标榜为"保守的"也许并不有助于我们对它的理解。

我不认为这个争论，也就是关于不干涉不道德行为的争论已经彻底地得到了解决。但还是有一些得到广泛认同的结论。几乎没有人会认为，政治共同体在强制实施道德中的作用上不封顶。换言之，在这一点上达成了广泛共识，即政治共同善并没有涵盖同心协力的人们能追求的所有善。意见分歧主要是在，法律是否应将自身限定在关注预防对未经同意的第三方造成的那些有形伤害；是否存在一种公共权威能以恰当方式促进的公共道德，即一种道德生态。此外，还有一种广泛的实践共识，也就是，如卖淫与吸毒等推定"无受害者"的不道德行为对作为一个整体的社会具有严重的负面影响，这使得对相关行为的法律规制不会很快就被废止，尽管并非毫无争议。换言之，虽然支持这些规制的论证可能非常不同，它们也的确是这样，但正如我们将会看到的，这些行为需要法律规制是一个被广泛共享的结论。

六、实证主义与自然法

有关法律的道德根基的讨论常被描绘为"自然法学者"与

107

"实证主义者"之间的一场论战。这个问题能以这种方式典型地表述为："在法律与道德之间存在一种必然联系吗?"自然法学者被认为做出了肯定的回答,而法律实证主义者则被认为做出了否定的回答。

这场较量很大程度上是误解的产物。对垒双方本可以在一个答案的大部分上达成共识,而这主要是因为两种理论——自然法和实证主义的焦点不同。自然法理论并不旨在成为关于某个特定共同体的法律的理论。相反地,自然法理论旨在提供资源,这种资源是在道德上评价所有共同体的法律所必需的。自然法理论家从来没说过,法律应当复刻道德。比如,托马斯·阿奎那根据充分的理由提出,应在法律上禁止的只有那些较严重的不道德行为,主要是对他人造成伤害的那些行为。没有任何自然法理论家说过,公共权威颁布的所有法律在现实中都是正义的。

实证主义起源于约翰·奥斯丁(John Austin)的著作。奥斯丁想要发展一种理解,或者说科学,它能让人们识别出一个既定社会的"法律",而不用参酌关于一个特定的文化现象——人为了规制社会所制定的法律——是否正义或明智这个有争议的评价性问题。实证主义是一种法学理论,而自然法却不是。自然法理论家研究这种情形何以为真:有某些能为理性所知的道德规范,它们先于所有道德上重要的人类选择而存在并规制这些选择,包括确立或"制定"这条法律,而非那条法律的选择。

能够存在,并且的确存在一些自然法法律理论,或(同一回事)自然法法学理论。作为法学的一派,自然法法律理论所探讨的主题刚好同样是法律实证主义的主题，也就是：人法，即正式颁布的制定法；把法律识别和描述为一种特定的文化制物所需的观念工具，即定义或概念。

那么，是什么使得自然法法学独树一帜呢？在这里，要向读者推荐的是当今世界最重要的自然法理论家约翰·菲尼斯的开创性著作——《自然法与自然权利》。① 在该书第一章中，菲尼斯令人信服地指出，对他所说的"视角"的选取决定性地影响着任何一派法学理论的内容，而视角取决于理论家对真正的人类福祉的认识。比如，一位文化人类学家必然着眼于人类存在的那些经久特征，包括反复出现的增进人类福祉的机会。法律人类学家也是如此。包括法学家在内，任何社会科学家所面对的挑战都是提出经过证明的一般性概念形成的标准。② 正如菲尼斯在引用马克斯·韦伯（Max Weber）时所说的，"假如没有具有实践合理性的人认为适于描述他们自身认为值得去做和达成之事的概念，描述性的社会科学……就无法做到它的描述"③。菲尼斯得出结论，假如有这样一个视角，"据此，实践理性要求一种特定的法律性社会秩序"，那么想要描述法律秩序特征的理论家就应将它作为参照标准。④ 还可以换个方式表述菲尼斯的观点，即关于真正的人类福祉的全面理解——一个规范性视角——是法律的恰当描述所必需的。而否认那个命题是法律实证主义的典型特征。

109

---

① Finnis, *Natural Law and Natural Rights*, 3–22.
② Finnis, *Natural Law and Natural Rights*, 18.
③ Finnis, *Natural Law and Natural Rights*, 16.
④ Finnis, *Natural Law and Natural Rights*, 15.

作为自然法学者和实证主义者间固定戏码的论战已为各方的大部分参与者宣告终结。尼尔·麦考密克（Neil MacCormick）是一位实证主义者，他说道："就我而言，我认为（自然法与实证主义）相互对立的议题如今已经终结，而且讨论不出什么结果。"麦考密克进而指出法律与道德间的诸多"关联"。比如，某些道德愿景是内在于法律的；"法律的可理知性取决于……法律和法律制度所保障的道德善"；法律推理与道德推理是类似的，它们都要回答"我应该怎样做？"这个问题。

110　　最近，菲尼斯评述道："不妨设想一下，根本没有实证主义这样的东西。"① 他补充道，法律实证主义——其思想肇端于奥斯丁，再经由哈特传承到约瑟夫·拉兹——作为一种法律思想传统，其真理并不包含任何自然法学者非要拒斥的东西。一个人——经过通盘考虑之后——应当做什么？在这个重要问题上，法律实证主义没有提出任何有用的东西。这是因为实证主义的目标是阐明某些条件：按照那套法律体系的规则，具备那些条件的某个法律规范是"有效的"（valid）。这种理论是描述性的。正如我们上文所说，它是一种法律人类学。也就是说，在规范性上，实证主义是失语的。②

　　① Finnis, "Law and What I Truly Should Decide," *American Journal of Jurisprudence* 48 (2003)：127.

　　② Finnis, "Law and What I Truly Should Decide," *American Journal of Jurisprudence* 48 (2003)：129.

书目综述

科里·L. 安德鲁斯*

读者可能希望再参考其他一些法学导论性质的书目作为目前这份指南的补充。比如，戴维·亚当的《法律中的哲学问题》①、安德鲁·阿特曼的《法律争鸣：法哲学导论》②、史蒂芬·伯顿的《法律和法律推理导论》③ 以及乔尔·范伯格和朱尔斯·科尔曼合著的《法哲学》④。亨利·梅因爵士的《古代法》⑤ 以及约翰·赞恩的《法律的故事》⑥ 则完整重述了人类社会中法律的历史发

---

* 科里·L. 安德鲁斯（Cory L. Andrews）于 2005 年从佛罗里达大学法学院获得法律博士（J. D.）学位（优等荣誉毕业［magna cum laude］）。其间，他曾担任《佛罗里达法律评论》（*Florida Law Review*）主编。目前，他是佛罗里达州坦帕市联邦地区法院史蒂文·D. 梅里迪（Steven D. Merryday）法官的助理。

除本注释外，本章原文无注，以下注释由译者从正文夹注整理而成，以方便中文读者阅读，同时也注明了可参考的中译本。——译者

① David M. Adam, *Philosophical Problems in the Law*, Wadsworth, 2004.

② Andrew Altman, *Arguing about Law: An Introduction to Legal Philosophy*, Wadsworth, 2000.

③ Stephen J. Burton, *An Introduction to Law and Legal Reasoning*, Aspen, 1995. 中译本参见史蒂文·J. 伯顿著，张志铭、解兴权译：《法律和法律推理导论》，中国政法大学出版社 1998 年版。

④ Joel Feinberg, and Jules Coleman, *Philosophy of Law*, Wadsworth, 2003.

⑤ Henry Sumner Maine, *Ancient Law*, Oxford University Press, 1927. 中译本参见梅因著，沈景一译：《古代法》，商务印书馆 1959 年版。

⑥ John M. Zane, *The Story of Law*, Washburn, 1928. 中译本参见约翰·麦·赞恩著，刘昕、胡凝译：《法律的故事》，江苏人民出版社 2010 年版。

展。后者更通俗易懂，但稍具个人风格，已有查尔斯·瑞德（Charles Reid）编辑的最新版本①。在《法律与革命：西方法律传统的形成》② 中，哈罗德·伯尔曼令人信服地论证了 11 世纪以降延续不衰的西方法律传统的存在。尽管有这么多举足轻重的阅读书目，但法学新手还是应该把大部分时间花在一手文献，而非二手文献上；花在法哲学家身上，而非有关法哲学的书身上。

回顾历史，自然法理论和法律实证主义的对立构成法学理论中的根本张力。自然法理论承认法律与道德的必然联系，认为法律仰赖一种自然的道德秩序，或者说原则和标准，它们既可为人类理性所认知，又反映了宇宙的道德秩序。希波的奥古斯丁（Augustine of Hippo）和托马斯·阿奎那被认为是自然法理论最早，也是最雄辩的支持者。"因为永恒法（eternal law）是神的统治计划，"阿奎那在《神学大全》中评述道，"所有下位统治者的统治计划都必须从永恒法产生。如果（人法）在任何一点上偏离了自然法，那它就不再是法，而是对法的歪曲。"

此后，一种类似的法律与道德的调和观（harmonious view）在恢宏的普通法传统中得到阐释，其代表包括爱德华·柯克爵士（Sir Edward Coke）的《英国法总论》（*Institutes of the Laws of England*，1624-1644）、威廉·布莱克斯通（William Blackstone）的《英国

---

① John M. Zane, *The Story of Law*, Liberty Fund, 1998.
② Harold Berman, *Law and Revolution: The Formation of the Western Legal Tradition*, Harvard University Press, 1983. 中译本参见哈罗德·J. 伯尔曼著，贺卫方译：《法律与革命：西方法律传统的形成》，中国大百科全书出版社 1993 年版。

法释义》（*Commentaries on the Laws of England*，1765-1769）①、约翰·斯托里（John Story）的《美国宪法评注》（*Commentaries on the Constitution of the United States*，1833）以及最高法院大法官塞缪尔·蔡斯（Samuel Chase）在卡尔德诉布尔案（*Calder v. Bull*，1798）中写下的著名判决意见。关于自然法在英美法学理论发展过程中所起到的形成性作用的精湛梳理，参见历史学家丹尼尔·布尔斯廷的《奥妙的法律科学》②。小詹姆斯·斯托纳在《普通法与自由主义理论：柯克、霍布斯及美国宪政主义诸源头》③ 中则深入探究了普通法传统。

　　近年来，对自然法理论的兴趣迎来了广泛复兴，这发生在很多学科之中。在法哲学中，这种复兴主要由约翰·菲尼斯引领。他的开拓性著作《自然法与自然权利》④ 引爆了争论，并在此后超过四分之一世纪的时间里热度不减。此外，罗伯特·乔治教授举足轻重的论著继续丰富着自然法理论的学术资料库。参见他的

117

---

　　① 《英国法释义》全书分为四卷：人之权利、物之权利、私犯、公犯。目前第一、二卷有中译本，参见威廉·布莱克斯通著，游云庭、缪苗译：《英国法释义》（第一卷），商务印书馆 2023 年版；威廉·布莱克斯通著，梅益峰译：《英国法释义》（第二卷），商务印书馆 2023 年版。

　　② Daniel Boorstin, *The Mysterious Science of the Law*, Harvard University Press, 1941.

　　③ James R. Stoner, *Common Law and Liberal Theory: Coke, Hobbes, and the Origins of American Constitutionalism*, University Press of Kansas, 1994. 中译本参见小詹姆斯·R. 斯托纳著，姚中秋译：《普通法与自由主义理论：柯克、霍布斯及美国宪政主义之诸源头》，北京大学出版社 2005 年版。

　　④ John Finnis, *Natural Law and Natural Rights*, Oxford University Press, 1980. 中译本参见约翰·菲尼斯著，董娇娇、杨奕、梁晓晖译：《自然法与自然权利》，中国政法大学出版社 2005 年版。

《使人成为有德之人：公民自由与公共道德》①、《自然法理论：当代论文选编》② 以及《为自然法辩护》③。同样引人注目的是拉塞尔·希廷洛的《新自然法理论批判》④，以及布齐舍夫斯基的《铭刻于心：为自然法辩护》⑤。那些想更深层次地了解围绕自然法仍在继续的争论的人，可以翻阅爱德华·麦克莱恩的《普遍的真理：关于自然法的新视角》⑥，这是一部顶尖学者集思广益而成的杰出论文集。

118　　与自然法不同，法律实证主义将法律仅仅视为由某种主导力量，通常是主权者所强制执行的秩序或命令之体系。根据这种观点，法律与其说是"自然的"，不如说是"人造的"。它纯粹就是一种人类发明物，是由一位大权在握的立法者"制定的"。从 18 世纪晚期到 19 世纪早期，在英国哲学家杰里米·边沁（Jeremy Bentham）和约翰·斯图尔特·密尔（John Stuart Mill）的著作中，法律实证主义作为一种与众不同的法哲学出现。边沁在《政府片论》（*A Fragment on Government*, 1776）⑦ 中明确地区分了对

---

① Robert George, *Making Men Moral: Civil Liberties and Public Morality*, Oxford University Press, 1993. 中译本参见罗伯特·乔治著，孙海波、彭宁译：《使人成为有德之人：公民自由与公共道德》，商务印书馆 2020 年版。

② Robert George, *Natural Law Theory: Contemporary Essay*, Oxford University Press, 1994.

③ Robert George, *In Defense of Natural Law*, Oxford University Press, 2001.

④ Russell Hittinger, *A Critique of the New Natural Law Theory*, University of Notre Dame Press, 1989.

⑤ J. Budziszewski, *Written on the Heart: The Case for Natural Law*, InterVarsity Press, 1997.

⑥ Edward Mclean, *Common Truths: New Perspectives on Natural Law*, ISI Books, 2000.

⑦ 中译本参见杰里米·边沁著，沈叔平译：《政府片论》，商务印书馆 1995 年版。

法律之"是"(is)的精准性描述与对法律之"正当"（ought）的规范性评价。这种对法律与道德的根本析离被边沁描述为伟大的"功利主义区分"。

受到边沁及托马斯·霍布斯的《利维坦》(*Leviathan*, 1651)① 的强烈影响，英国法学家约翰·奥斯丁在他的里程碑式著作《法理学的范围》(*The Province of Jurisprudence Determined*, 1832)② 中给出了关于法律实证主义最早也最全面的阐述。"法律的存在是一回事，它的优劣则是另一回事，"奥斯丁在一次对自然法理论毫不留情的攻讦中说道，"它是或不是，这属于一种研究；而它是或不是合乎某项假定的标准，这属于另一种研究。实际存在的法律就是法律，尽管我们可能就是不喜欢它，尽管它不同于左右我们的赞成或反对的圣经经文。"对奥斯丁而言，对法律的恰当理解必然脱离任何对道德或正义的理解，法律之"应当"永远与法律之"是"相互分离。

承续奥斯丁的基本框架，哈特的《法律的概念》③ 着手捍卫 119 法律实证主义，同时也精细地论证了奥斯丁一些较粗疏的想法。哈特表示，法律实证主义的批评者常将功利主义区分（坚持法律和道德的分离）混同于奥斯丁的法律命令理论（主张所有的法律出自一位大权在握的主权者之手），而这就会导致一个错误结论，即批倒了后者也就批倒了前者。哈特坚持认为，一个人能合乎逻

---

① 中译本参见霍布斯著，黎思复、黎廷弼译：《利维坦》，商务印书馆 1985 年版。
② 中译本参见约翰·奥斯丁著，刘星译：《法理学的范围》，商务印书馆 2021 年版。
③ H. L. A. Hart, *The Concept of Law*, Oxford University Press, 1961. 中译本参见哈特著，许家馨、李冠宜译：《法律的概念》，法律出版社 2018 年版。

辑地遵循功利主义区分与功利主义道德，同时又断然拒斥奥斯丁的命令理论。这正是哈特本人采取的一种立场。

此外，哈特在《实证主义与法律和道德的分离》① 一文中虽不情愿，但还是认可了自然法理论的一个核心真理。哈特将自己的观念描述为"柔性实证主义"（soft positivism），并承认了对于包含某种最小道德内容之法律规范的需要。比如，哈特同意，针对实施身体暴力的法律禁止是绝对必需的，这不是为了让那些禁令成为"法律"，而是为了保护人们免遭伤害，从而使市民社会的运行得以可能。当然，哈特也强调，人们绝不能不必要地将对这种法律的功利主义需要混同于法律的本质。

120　　当然，哈特还因在 20 世纪中叶与英国法学家帕特里克·德富林勋爵的那场著名论战而广为人知。这场论战可能是当今文化战争的先声，它围绕 1957 年沃尔芬登委员会的报告展开。该报告建议英国不要再将卖淫和同性性行为视为犯罪。德富林勋爵坚持认为，每一个社会必然都有其共享的道德价值体系，也就是一种"公共道德"，因而，他为普罗大众所共持之禁忌（taboo）的法律强制辩护。在捍卫其立场时，德富林把公共道德类比于陪审团的商议。正如在经过冷静、慎重的商议之后，陪审团必须形成一致决定，在法律禁止某项行为之前，一个社会也必须普遍地谴责这项行为。对此，哈特完全不同意。他坚持认为，一种即便被广为持有的社会道德，也不应受到法律的特殊重视。作为对边沁和

① H. L. A. Hart, "Positivism and the Separation of Law and Morals," *Harvard Law Review* 71, 1958: 593 ff.

密尔的附和，哈特认为，当且仅当个体的行为对他人有害（这就是用他自己的功利主义道德代替了社会道德）时，那种行为才应被禁止。在哈特－德富林论战中，德富林勋爵的立场在其《道德的法律强制》① 中得到了有力的论证。而反过来，哈特对德富林立场的锐利批评在其《法律、自由与道德》② 中得到了淋漓尽致的呈现。这场论战在罗伯特·乔治的《社会凝聚力与道德的法律强制：对哈特－德富林论战的再思考》③ 以及拉塞尔·希廷格的《再访哈特－德富林论战》④ 中得到了精彩的重思。

最权威的哈特思想传记（包括对哈特与德富林论战的深入讨 121 论），参见妮古拉·莱西的《哈特的一生：噩梦与美梦》⑤。在朱尔斯·科尔曼的《哈特的后记:〈法律的概念〉后记论文集》⑥ 中，一些顶尖法哲学家讨论了哈特对其批评者的回应。关于法律实证主义对美国法律的影响的辨析，参见安东尼·谢伯克的《美国法理学中的法律实证主义》⑦。针锋相对地，严肃批评法律实证主义的若干文章在罗伯特·乔治的《法律的自治性：法律实证主

① Patrick Devlin, *The Enforcement of Morals*, Oxford University Press, 1965.

② H. L. A. Hart, *Law, Liberty, and Morality,* Stanford University Press, 1963. 中译本参见哈特著，钱一栋译:《法律、自由与道德》，商务印书馆 2021 年版。

③ Robert George, "Social Cohesion and the Legal Enforcement of Morals: A Reconsideration of the Hart-Devlin Debate," *American Journal of Jurisprudence* 35, 1990: 15 ff.

④ Russell Hittinger, "The Hart-Devlin Debate Revisited," *American Journal of Jurisprudence* 35, 1990: 47 ff.

⑤ Nicola Lacey, *The Life of H. L. A. Hart: The Nightmare and the Noble Dream,* Oxford University Press, 2004. 中译本参见妮古拉·莱西著，谌洪果译:《哈特的一生：噩梦与美梦》，法律出版社 2006 年版。

⑥ Jules Coleman, *Hart's Postscript: Essays on the Postscript to the Concept of Law*, Oxford University Press, 2001.

⑦ Anthony J. Sebok, *Legal Positivism in American Jurisprudence*, Cambridge University Press, 1998.

义论文集》① 中结集出版。声援德富林勋爵关于被广为接受的公共道德的论证可以在哈里·柯罗尔尚未受到充分重视的《公共道德和自由社会》② 中听到。

已故哈佛大学教授朗·富勒的研究不再遮遮掩掩地支持自然法理论，而是承认"法律"与"道德正当之事物"通常不可分离。比如，在他的《法律的道德性》③ 中，富勒批评法律实证主义显然无法解释忠于法律的理念。尽管富勒最后也承认，不道德的法律仍是"法律"，但他对倘若这样一条法律隶属于一套不道德的或不正义的法律体系，它是否还能维持很长时间的效力表示怀疑。肯尼斯·温斯顿主编的文集《社会秩序诸原则：朗·富勒文选》④ 对富勒的思想提供了更深刻的洞见。

122

在 19 世纪末的美国，一些法哲学家开始主张，实际被写下来的法律本身，无论是自然法还是实在法，说到底都无关宏旨。这种"规则怀疑主义"（rule skepticism）以美国法律现实主义（American legal realism）之名而逐渐为人所知，并在小奥利弗·温德尔·霍姆斯的雄文《法律之路》（"The Path of the Law"，1897）中得到了淋漓尽致的体现。霍姆斯试图以"愤世嫉俗的讽

---

① Robert P. George, *The Autonomy of Law: Essays on Legal Positivism*, Oxford University Press, 1999.

② Harry M. Clor, *Public Morality and Liberal Society*, University of Notre Dame Press, 1996.

③ Lon Fuller, *The Morality of Law*, Yale University Press, 1965. 中译本参见富勒著，郑戈译：《法律的道德性》，商务印书馆 2005 年版。

④ Kenneth Winston（ed.）, *The Principles of Social Order: Selected Essays of Lon L. Fuller*, Duke University Press, 1981.

刺"（cynical acid）戏谑法律，他想要撕掉传统的所有华丽布料来还原法律的本真。霍姆斯坚持认为，法律必须基于典型的"坏人"——一个只关心自我利益与自我保护的玩世不恭者——视角来非道德地（amorally）加以理解。霍姆斯主张，无论想证成什么结论，总能建构起一个看起来像那么回事的法律论证："你能给任何结论套上某种逻辑形式。你也总能解释说一份合同中暗含了某个条款。但你为什么这么解释它？"霍姆斯把遵循先例原则放到一边，他坚持认为，法律推理具有逻辑学上演绎推理的性质，这事实上是一个由法官所创造的神话，很大程度上，他们是依据个人的政策偏好最终裁判案件的。

此外，美国法律现实主义还有其他举足轻重的一流著作，包括卡尔·卢埃林的《荆棘丛：我们的法律与法学》①、杰罗姆·弗兰克的《初审法院：美国司法中的神话与现实》② 以及瑟曼·阿诺德的《政府的象征》③。"法官早上吃了些什么，都能决定司法判决的结果。"杰罗姆·弗兰克的这句名言是美国法律现实主义内在的犬儒主义的典型反映。关于美国法律现实主义的详尽介绍，参见威廉·费舍尔、莫顿·霍维茨与托马斯·里德的《美国

123

---

① Karl Llewellyn, *Bramble Bush: On Our Law and Its Study*, Oceana, 1951. 中译本参见卡尔·卢埃林著，王绍喜译：《荆棘丛：我们的法律与法学》，中国民主法制出版社 2020 年版。

② Jerome Frank, *Courts on Trial: Myth and Reality in American Justice*, Princeton University Press, 1973. 中译本参见杰罗姆·弗兰克著，赵承寿译：《初审法院：美国司法中的神话与现实》，中国政法大学出版社 2007 年版。

③ Thurman Arnold, *The Symbols of Government*, Oxford University Press, 1948.

法律现实主义》①，这是一本涵括一手资料及学术评论的优秀文集。关于针对小奥利弗·温德尔·霍姆斯的两份公允但致命的批评，参见阿尔伯特·阿尔舒勒的《没有价值观的法律：大法官霍姆斯的生平、工作和遗产》② 以及爱德华·怀特的《奥利弗·温德尔·霍姆斯法官：法律与本我》③。

近年来，牛津大学法哲学家罗纳德·德沃金提出了引发最广泛讨论的法理论（之一）。德沃金认为，任何"法律"都不仅要由实在的规则构成，而且还要体现给那些规则提供了最可靠解释的所有原则和理念。在德沃金看来，法院有义务遵照那个体现了一个特定共同体的最融贯且最有道德吸引力之原则与价值的法律解释。然而，德沃金也强调，法官并不受到从一种自然的道德秩序推导而出的道德或规范性原则的约束，他们可能只会承认那些时隐时现地"出现"在其共同体的法律历史和传统之中的道德原则。德沃金的一些较有影响力的著作包括《认真对待权利》④、《法律帝国》⑤、

---

① William Fisher, Morton J. Horwitz, and Thomas Reed, *American Legal Realism*, Oxford University Press, 1993.

② Albert Alschuler, *Law Without Values: The Life, Work, and Legacy of Justice Holmes*, University of Chicago Press, 2002.

③ G. Edward White, *Justice Oliver Wendell Holmes: Law and the Inner Self*, Oxford University Press, 1993. 中译本参见爱德华·怀特著，孟纯才译：《奥利弗·温德尔·霍姆斯：法律与本我》，法律出版社 2009 年版。

④ Ronald Dworkin, *Taking Rights Seriously*, Harvard University Press, 1977. 中译本参见罗纳德·德沃金著，信春鹰、吴玉章译：《认真对待权利》，上海三联书店 2008 年版。

⑤ Ronald Dworkin, *Law's Empire*, Harvard University Press, 1986. 中译本参见罗纳德·德沃金著，许杨勇译：《法律帝国》，上海三联书店 2016 年版。

《生命的自主权》① 以及《至上的美德：平等的理论与实践》②。 124
贾斯汀·伯利主编的《德沃金和他的批评者：以及德沃金的回
应》③ 是对德沃金的理论提出学术批评并附有德沃金本人回应的
一部文集。

关于对现代自由主义法律理论（约翰·罗尔斯的《正义
论》④ 可算作其最佳典范）的犀利批评，可参见乔治·格兰特的
《英语世界的正义》⑤、罗伯特·乔治的《正统观念的交锋：危机
中的法律、宗教与道德》⑥ 以及罗伯特·伯克的《堕入蛾摩拉城：
现代自由主义与美国的衰败》⑦。数世纪的法哲学在史蒂文·史密
斯的《法之困》⑧ 中得到了精详的思考，本书对古典本体论承诺
在现代法学中的消逝哀叹不已。最后，想要挖掘法律的道德基础
的初学者务必不仅要阅读，而且还要反复阅读亚瑟·艾伦·莱夫
的《不可说的伦理，不自然的法》⑨。

---

① Ronald Dworkin, *Life's Dominion*, Knopf, 1993. 中译本参见罗纳德·德沃金著，郭贞伶、陈雅汝译：《生命的自主权》，中国政法大学出版社 2013 年版。

② Ronald Dworkin, *Sovereign Virtue: The Theory and Practice of Equality*, Harvard University Press, 2002. 中译本参见罗纳德·德沃金著，冯克利译：《至上的美德：平等的理论与实践》，江苏人民出版社 2012 年版。

③ Justine Burley, *Dworkin and His Critics: With Replies by Dworkin*, Blackwell, 2004.

④ John Rawls, *A Theory of Justice*, Harvard University Press, 1971. 中译本参见约翰·罗尔斯著，何怀宏、何包钢、廖申白译：《正义论》，中国社会科学出版社 2009 年版。

⑤ George P. Grant, *English Speaking Justice*, Notre Dame Press, 1985.

⑥ Robert George, *Clash of Orthodoxies: Law, Religion, and Morality in Crisis*, ISI Books, 2001.

⑦ Robert Bork, *Slouching Towards Gomorrah: Modern Liberalism and American Decline*, Regan Books, 1996.

⑧ Steven D. Smith, *Law's Quandary*, Harvard University Press, 2004.

⑨ Arthur Allen Leff, "Unspeakable Ethics, Unnatural Law," *Duke Law Journal*, 1979：1229 ff.

美国宪法是如今世界上还在生效的最早的成文宪法。想要围绕宪法背后的理念开展专门研究，除了宪法原文外，自然而然能想到的切入点便是亚历山大·汉密尔顿（Alexander Hamilton），约翰·杰伊（John Jay）和詹姆斯·麦迪逊（James Madison）的《联邦党人文集》（*The Federalist*, 1788）①，特别是，乔治·W. 凯里与詹姆斯·麦克莱伦重编的吉登版《联邦党人文集》②。同样重要但常被忽视的是宪法的反对者们，也就是反联邦党人的那些有影响力的文章，它们被辑录在赫伯特·斯特林的《反联邦党人文集》③ 中，可见浩繁卷帙的七卷本《反联邦党人全集》④ 的删节本。

其他一些一手资料能提供理解在美国国父中占主导地位的世界观所必需的本土色彩与语境。关于对宪法文本难能可贵的逐条注疏，参见菲利普·库尔兰和拉尔夫·勒内雄心勃勃的五卷本文集《国父的宪法》⑤，其中收录了辩论、信件、文章与其他一手资

---

① 中译本参见亚历山大·汉密尔顿、詹姆斯·麦迪逊、约翰·杰伊著，程逢如、在汉、舒逊译：《联邦党人文集》，商务印书馆 2022 年版。——译者

② George W. Carey, and James McClellan（eds.），*The Federalist*（the Gideon edition），Liberty Fund, 2001. 1818 年，吉登版《联邦党人文集》出版，该版包括麦迪逊与汉密尔顿对 1810 年麦克莱恩版《联邦党人文集》（the McLean edition）中某些内容的修校，并附上了吉登所撰写的序言，该版本因此得名。在 2001 年，乔治·凯里与詹姆斯·麦克莱伦在吉登版的基础上重新编辑出版了最新一版的《联邦党人文集》，补充了新的导读、注释、术语表，以及整部《邦联条例》（Articles of Confederation）、《独立宣言》与美国宪法以供相互参照。——译者

③ Herbert Storing, *The Anti-Federalist*, University of Chicago Press, 1985. 中译本参见莫雷·佐伊选编，杨明佳译：《反联邦党人文集》，商务印书馆 2022 年版。

④ Herbert Storing, *The Complete Anti-Federalist*, University of Chicago Press, 1981.

⑤ Philip B. Kurland, and Ralph Lerner, *The Founders' Constitution*, Liberty Fund, 2000.

料。同样地，查尔斯·海尼曼和唐纳德·卢茨的两卷本《美国建
国时期的政治写作》① 提供了从 19 世纪下半叶搜集而来的演说、
宣传手册、布道辞与论文的精彩合辑。每一位严肃的宪法学学生
或学者都应备上一本瑟斯顿·格林的《宪法的语言：美国制宪者
的理念、术语与词汇的原始资料与指南》②。此外，论及立宪时期
美国政治与宪法思想之演进的二手研究著作在伯纳德·贝林的　126
《美国革命的思想意识渊源》③、佛利斯特·麦克唐纳的《新世界
秩序：宪法的思想起源》④ 以及戈登·伍德的《美利坚共和国的
缔造：1776—1787》⑤ 中得到了精巧的展现。联邦党人和反联邦
党人的重要辩论在萨缪尔·比尔的《建立一个国家：美国联邦主
义再发现》⑥、布拉富德的《比理性更好的指南：联邦党人与反联
邦党人》⑦ 以及赫尔伯特·斯特林的《反联邦党人赞成什么？——

---

① Charles S. Hyneman, and Donald S. Lutz, *American Political Writing during the Foun-ding Era*, Liberty Press, 1983.

② Thurston Greene, *The Language of the Constitution: A Sourcebook and Guide to the I-deas, Terms, and Vocabulary Used by the Framers of the United States Constitution*, Greenwood Press, 1991.

③ Bernard Bailyn, *The Ideological Origins of the American Revolution*, Belknap Press, 1967. 中译本参见伯纳德·贝林著，涂永前译：《美国革命的思想意识渊源》，中国政法大学出版社 2007 年版。

④ Forrest McDonald, *Novus Ordo Seclorum: The Intellectual Origins of the Constitution*, University Press of Kansas, 1985.

⑤ Gordon S. Wood, *The Creation of the American Republic, 1776 - 1787*, University of North Carolina Press, 1969. 中译本参见戈登·S. 伍德著，朱妍兰译：《美利坚共和国的缔造：1776—1787》，译林出版社 2016 年版。

⑥ Samuel Beer, *To Make a Nation: The Rediscovery of American Federalism*, Harvard University Press, 1993.

⑦ M. E. Bradford, *A Better Guide than Reason: Federalists and Anti-Federalists*, Tran-saction, 1994.

宪法反对者的政治思想》① 中得到了充分检视。

宪法解释在美国宪法理论中占据着举足轻重的地位。作为其结果，如今的宪法学界可谓百家争鸣，面对同样的法律文本，无不自诩自己才是最正宗的解释。然而，情况并非向来如此。约瑟夫·斯托里面面俱到的《美国宪法通释》② 对勤勉的学生报以一颗未受当今花样迭出的学术理论蒙蔽的 19 世纪的卓越头脑给出的忠实而可靠的宪法解释。在目前的法律学者中，基思·惠廷顿写出了两部有关宪法解释的最精巧也最富智性真诚的著作：《宪法解释：文本含义，原初意图与司法审查》③ 以及《宪法建构：分权与宪法含义》④。在《联邦法院如何解释法律》⑤ 这部对"文本主义"（textualism）卓绝的辩护著述中，安东宁·斯卡利亚大法官为宪法学做出了无出其右的原创性贡献。历史学家乔纳森·奥尼尔少有人知的《美国法律与政治中的原旨主义：一部宪法

127

---

① Herbert Storing, *What the Anti-Federalists Were For: The Political Thought of the Opponents of the Constitution*, University of Chicago Press, 1981. 中译本参见赫伯特·J. 斯特林著，汪庆华译：《反联邦党人赞成什么？——宪法反对者的政治思想》，北京大学出版社 2006 年版。

② Joseph Story, *A Familiar Exposition of the Constitution of the United States*, Harper Bros., 1859.

③ Keith Whittington, *Constitutional Interpretation: Textual Meaning, Original Intent, and Judicial Review*, University Press of Kansas, 1999. 中译本参见基思·E. 惠廷顿著，杜强强译：《宪法解释：文本含义，原初意图与司法审查》，中国人民大学出版社 2006 年版。

④ Keith Whittington, *Constitutional Construction: Divided Powers and Constitutional Meaning*, Harvard University Press, 2001.

⑤ Antonin Scalia, *A Matter of Interpretation: Federal Courts and the Law*, Princeton University Press, 1997. 中译本参见安东宁·斯卡利亚著，蒋惠岭、黄斌译：《联邦法院如何解释法律》，中国法制出版社 2017 年版。

史》① 勾勒了作为源远流长、神圣庄严的宪法解释理论的原旨主义思想史，堪称精彩绝伦。布拉德福德则在《原初意图：美国宪法的制定及批准》② 中解密了宪法背后的理念。

美国国父畏惧司法能动主义，也就是司法对民主与立法职责的篡夺，它构成了对美国的自治实践的严重威胁。最近几十年，这些恐惧逐渐被一心要"启蒙"社会和政治变革的最高法院变成了现实。亚历山大·比克尔是最早嗅到危险信号的人之一，他的《最小危险部门：政治法庭上的最高法院》③ 仍是一本聚焦最高法院权力僭越现象的影响深远的著作。其他有先见之明的著作也接踵而至，包括约翰·埃格里斯托的《最高法院与立宪民主》④、128 拉乌尔·伯格的《司法治国》⑤、罗伯特·伯克的《强制实施美德：世界各地的法官之治》⑥、拉里·克雷默的《人民自己：人民宪政主义与司法审查》⑦、理查德·约翰·诺伊豪斯的《民主的

① Johnathan O'Neill, *Originalism in American Law and Politics: A Constitutional History*, Johns Hopkins University Press, 2005.

② M. E. Bradford, *Original Intentions: On the Making and Ratification of the United States*, University of Georgia Press, 1993.

③ Alexander Bickel, *The Least Dangerous Branch: The Supreme Court at the Bar of Politics*, Bobbs-Merrill Co., 1962. 中译本参见亚历山大·M. 比克尔著，姚中秋译：《最小危险部门：政治法庭上的最高法院》，北京大学出版社 2007 年版。

④ John Agresto, *The Supreme Court and Constitutional Democracy*, Cornell University Press, 1984. 中译本参见约翰·埃格里斯托，钱锦宇译：《最高法院与立宪民主》，中国政法大学出版社 2012 年版。

⑤ Raoul Berger, *Government by Judiciary*, Liberty Fund, 1997.

⑥ Robert Bork, *Coercing Virtue: The Worldwide Rule of Judges*, AEI Press, 2003.

⑦ Larry Kramer, *The People Themselves: Popular Constitutionalism and Judicial Review*, Oxford University Press, 2006. 中译本参见拉里·克雷默著，田雷译：《人民自己：人民宪政主义与司法审查》，译林出版社 2010 年版。

终结？关于头等大事的辩论》① 以及克里斯托弗·沃尔夫的《现代司法审查的兴起》②。

聚焦美国宪法并能带来启发性思考的著作还包括哈德利·阿克斯的《超越宪法》③、拉乌尔·伯格的《宪法论文选集》④、瓦尔特·伯恩斯的《认真对待宪法》⑤、索蒂里奥斯·巴伯与罗伯特·乔治合编的《宪法政治：宪法制定、维护与变革论文集》⑥、戴雪的《英国宪法研究导论》⑦、罗伯特·乔治的《宪法大案》⑧、爱德华·麦克莱恩的《夺回宪法：种族、宗教与堕胎再思考》⑨ 以及小詹姆斯·斯托纳的《普通法自由：反思美国立宪主义》⑩。

独具慧眼的读者会从罗伯特·伯克最近的《一个我不再认识的国家》⑪ 中受益匪浅，这是一部动人心弦的论文集，翔实记载了法律对美国价值的持续损害。史蒂文·史密斯在其打破成规的

---

① Richard John Neuhaus, *The End of Democracy? The Celebrated* First Things *Debate*, Spence, 1997.

② Christopher Wolfe, *The Rise of Modern Judicial Review*, Rowman & Littlefield, 1994.

③ Hadley Arkes, *Beyond the Constitution*, Princeton University Press, 1992.

④ Raoul Berger, *Selected Writings on the Constitution*, James River Press, 1987.

⑤ Walter Berns, *Taking the Constitution Seriously*, Madison Books, 1987.

⑥ Sotirios Barber, and Robert George (eds.), *Constitutional Politics: Essays on Constitution Making, Maintenance, and Change*, Princeton University Press, 2001.

⑦ A. V. Dicey, *Introduction to the Study of the Law of the Constitution*, Liberty Fund, 1982. 中译本参见 A. V. 戴雪著，何永红译：《英国宪法研究导论》，商务印书馆 2020 年版。

⑧ Robert George, *Great Cases in Constitutional Law*, Princeton University Press, 2000.

⑨ Edward B. McLean, *Recapturing the Constitution: Race, Religion, and Abortion Reconsidered*, Regnery Publishing, 1994.

⑩ James R. Stoner, *Common Law Liberty: Rethinking American Constitutionalism*, University Press of Kansas, 2003.

⑪ Robert Bork, *A Country I Do Not Recognize*, Hoover Press, 2005.

《宪法和理性之光》①中给整个宪法规划提供了一个视野开阔的
哲学性概述，深奥但值得一读。而关于联邦制深思熟虑的探讨，
马丁·戴蒙德精彩的文集《只要共和原则承认此事》②是不二之
选。玛丽·安·格伦顿则以其广受赞誉的《权利话语：穷途末路
的政治言词》③给美国权利负载（rights-laden）的政治讨论提供
了一副恰逢其时的解毒剂。

　　罗伯特·杰克逊（Robert Jackson）大法官对 1949 年特米尼
洛诉芝加哥案（*Terminiello v. Chicago*）持有异议，他对此评述道：
"如果最高法院不用一点实践智慧调和其教条主义逻辑，那就存
在这样的危险，即它会把《权利法案》变成自杀契约。"多数派
意见体现出自由主义必胜信念，作为回应，杰克逊则认为，特米
尼洛充满仇恨的公然漫骂越过了公民言论自由的边界，对公共秩
序构成了合法威胁，因而得不到宪法的保护。近年来，许多公民
自由主义者将言论自由抬到胜过其他任何竞争性的宪法考量的高
度。关于第一修正案所提供的言论保护的一种更公允的理解，参
见哈里·克洛的《污言秽语与公共道德：一个自由社会中的审查

　　① Steven D. Smith，*The Constitution and the Pride of Reason*，Oxford University Press，
1998.
　　② Martin Diamond，*As Far as Republican Principles Will Admit*，AEI Press，1992.
　　③ Marry Ann Glendon，*Rights Talk: The Impoverishment of Political Discourse*，Free
Press，1991. 中译本参见玛丽·安·格伦顿，周威译：《权利话语：穷途末路的政治言
词》，北京大学出版社 2006 年版。

130　制度》①、罗谢尔·格斯汀的《不再沉默》②、戴维·洛温塔尔的
《没有审查的自由：被遗忘的第一修正案的逻辑》③、凯文·桑德
斯的《从第一修正案手中救下我们的孩子》④ 以及瓦尔特·伯恩
斯的《第一修正案与民主的未来》⑤。尤金·沃洛克教授在其广
受欢迎的案例汇编《第一修正案及其相关法律：问题、案例与政
策论证》⑥ 中用心良苦地捍卫了自由主义式言论自由观。

　　最高法院 1973 年在罗伊诉韦德案中的争议性判决激起严厉
的学术批评，这些批评也来自那些支持堕胎合法化的人。约翰·
哈特·伊利发人深省的文章《喊"狼来了"的代价：对罗伊诉韦
德案的评论》⑦ 把众多观点做了这样的归纳："它是坏的，因为它
是坏的法律，更准确说是因为它不是合乎宪法的，而且它还使得
尽可能合宪的义务变得近乎毫无意义。"罗伊案是法律与逻辑的
灾难，学界早已达成的这个共识愈发有力，以至于一些顶尖学者
在杰克·巴尔金主编的《罗伊诉韦德案该这么判：顶尖法学专家

---

①　Harry M. Clor, *Obscenity and Public Morality: Censorship in a Liberal Society*, University of Chicago Press, 1969.

②　Rochelle Gurstein, *The Repeal of Reticence*, Hill & Wang, 1996.

③　David Lowenthal, *No Liberty for License: The Forgotten Logic of the First Amendment*, Spence, 1997.

④　Kevin Saunders, *Saving Our Children from the First Amendment*, New York University Press, 2004.

⑤　Walter Berns, *The First Amendment and the Future of Democracy*, Regnery, 1985.

⑥　Eugene Volokh, *The First Amendment and Related Statutes: Problems, Cases and Policy Arguments*, Foundation Press, 2005.

⑦　John Hart Ely, "The Wages of Crying Wolf: A Comment on *Roe v. Wade*," *Yale Law Journal* 82, 1973: 920 ff.

重写美国最具争议的判决》① 中要重写该案判决。

目前，堕胎议题仍处在美国政治的"风暴眼"。当然，即便
一觉醒来，最高法院推翻了罗伊诉韦德案的判决，它最终也禁止 131
不了哪怕一例堕胎。堕胎政策的决定权还是会回到 50 个州的人
民及其以民主方式选出的代表的手中。事实上，在这个国家整个
历史的大部分时候，情况都是如此。关于罗伊案之前美国人堕胎
史的研究，有两种截然不同的理论进路。它们在马文·奥莱斯基
的《堕胎仪式：美国的堕胎社会史》② 与詹姆斯·摩尔的《美国
的堕胎：国家政策的起源和演变》③ 中得到呈现。关于罗伊诉韦
德案的一个详尽且公允的介绍，参见赫尔与皮特·查尔斯·霍弗
的《罗伊诉韦德案：美国历史中的堕胎权争议》④。关于堕胎问题
的一项精深的比较研究在玛丽·安·格伦顿的《西方法律中的堕
胎和离婚》⑤ 的相关章节中被提供。理查德·波斯纳法官在其
《性与理性》⑥ 中老调重弹地阐述了隐私与道德的自由主义观点，
而劳伦斯·特赖布的《堕胎：绝对原则之间的冲突》⑦ 则展现了

① Jack Balkin (ed.), *What Roe v. Wade Should Have Said: The Nation's Top Legal Experts Rewrite America's Most Controversial Decision*, New York City Press, 2005.

② Marvin Olasky, *Abortion Rites: A Social History of Abortion in America*, Regnery, 1992.

③ James C. Mohr, *Abortion in America: The Origins and Evolution of National Policy*, Oxford University Press, 1979.

④ N. E. Hull, and Peter Charles Hoffer, *Roe V. Wade: The Abortion Rights Controversy in American History*, University of Kansas, 2001.

⑤ Mary Ann Glendon, *Abortion and Divorce in Western Law*, Harvard University Press, 1989.

⑥ Richard Posner, *Sex and Reason*, Harvard University Press, 2004. 中译本参见理查德·A. 波斯纳著，苏力译：《性与理性》，中国政法大学出版社 2002 年版。

⑦ Laurence Tribe, *Abortion: The Clash of Absolutes*, W. W. Norton, 1992.

其对堕胎合法化的一种包容的、同情的观点。围绕堕胎的严肃哲学批评在哈德利·亚克斯的《自然权利与选择的权利》① 与皮特·克雷夫特的《堕胎三问》② 中有所展现。

132　　第一修正案中规定了"国会不得制定法律以确立国教或禁止信教自由"。包含"国教条款"与"信教自由条款"（它们合起来作为宪法的宗教自由条款而为人所知）的这些字眼在美国历史的很多时候都是造成困惑的主要源头。对于想要更深层地了解这段历史的学生而言，詹姆斯·希区柯克的两卷本《美国人生活中的最高法院与宗教》③ 对最高法院的宗教法学（religion jurisprudence）进行了生动而精细的研究探索。此外，在这个议题上，想要探寻相关学术争议的整体脉络的初学者能从斯蒂芬·费尔德曼的《法律与宗教：批评性文选》④ 中受益，这本书展现了一种宽广的学术视野。

　　与美国人生活中宗教的合宪性角色的讨论难舍难分的是广泛存在的筑牢"教会与国家之间的分隔之墙"的呼吁。当然，这个比喻并没有在宪法中出现，它首次现身于托马斯·杰弗逊（Thomas Jefferson）1802 年给丹伯里浸信会（Danbury Baptist Asso-

① Hadley Arkes, *Natural Rights and the Right to Choose*, Cambridge University Press, 2002.

② Peter Kreeft, *Three Approaches to Abortion*, Ignatius, 2002.

③ James Hitchcock, *The Supreme Court and Religion in American Life*, Princeton University Press, 2004.

④ Stephen M. Feldman, *Law and Religion: A Critical Anthology*, New York University Press, 2000.

ciation) 寄去的一封从未被披露的信件。菲利普·汉伯格卷帙浩繁的《教会与国家的分离》① 扎实地呈现了美国痴迷于"分离主义"(separationism)的思想史,由此重塑了嗣后的法律与学术讨论。罗伯特·科德简明精炼的《教会与国家的分离:历史事实与 ₁₃₃ 当下虚构》② 在今天依然值得所有人花时间阅读。

很多优秀的作品都看到了近来最高法院的宗教法学出现的智性矛盾(intellectual incoherence)。任何哲学流派的学者都会同意,它已无可救药地被搞成一团乱麻。相关作品中比较突出的是,杰拉德·布拉德利的《美国的政教关系》③、小约翰·维特的《宗教与美国的宪法实验》④ 以及迈克尔·麦康奈尔质量上乘的案例汇编《宗教与宪法》⑤。一部会带来很多启发的著作是史蒂文·史密斯的《注定的失败:对一条宗教自由之宪法原则的追问》⑥,这本书认为当下的难题不可避免地源于宪法解释的内在局限性。

以基督教的独特视角切入上述议题的一部精选文集被贴切地

---

① Phillip Hamburger, *The Separation of Church and State*, Harvard University Press, 2002.

② Robert L. Cord, *Separation of Church and State: Historical Fact and Current Fiction*, Carlson Publishing, 1982.

③ Gerald Bradley, *Church-State Relationships in America*, Greenwood Press, 1987.

④ John Witte, *Religion and the American Constitutional Experiment: Essential Rights and Liberties*, Westview Press, 1999. 中译本参见约翰·维特著,袁瑜玎译:《宗教与美国的宪法实验》,中国法制出版社 2012 年版。

⑤ Michael McConnell, *Religion and the Constitution*, Aspen Publishers, 2002.

⑥ Steven D. Smith, *Foreordained Failure: The Quest for a Constitutional Principle of Religious Freedom*, Oxford University Press, 1995.

命名为《法律思想的基督教视角》①，这本书以美国社会中宗教信仰的法律地位为主题，由迈克尔·麦康奈尔、小罗伯特·科克伦与安哥拉·卡梅拉汇编而成。约翰·考特尼·默里的《宗教自由：天主教与多元主义的缠斗》② 则旗帜鲜明地以天主教的视角铺陈。放在最后，但绝非最不重要的是威尔弗雷德·麦克雷不可多得的《世俗主义的两个概念》③，这篇论文后被收录于他与休·赫克罗合编的那本品质上乘的《宗教回归公共广场》④。这是所有学生都应阅读的一篇文章，其深入思考了宗教在美国公共生活中的恰当位置。

134

---

① Michael McConnell, Robert Cochran Jr., and Angela Carmella (eds.), *Christian Perspectives on Legal Thought*, Yale University Press, 2001.

② John Courtney Murray, *Religious Liberty: Catholic Struggles with Pluralism*, Westminster John Knox Press, 1993.

③ Wilfred McClay, "Two Concepts of Secularism," *Wilson Quarterly* 24, no. 3, Summer 2000: 54.

④ Wilfred McClay and Hugh Heclo (eds.), *Religion Returns to the Public Square*, Johns Hopkins University Press, 2003.

图书在版编目(CIP)数据

法律研究学生指南 /(美) 杰拉德·布拉德利著；
童海浩译. — 北京 : 商务印书馆, 2024
ISBN 978-7-100-23902-8

Ⅰ.①法… Ⅱ.①杰… ②童… Ⅲ.①法律—研
究 Ⅳ.①D9

中国国家版本馆CIP数据核字（2024）第085436号

权利保留，侵权必究。

法律研究学生指南

〔美〕杰拉德·布拉德利　著

童海浩　译

商 务 印 书 馆 出 版
（北京王府井大街36号　邮政编码100710）
商 务 印 书 馆 发 行
南 京 新 洲 印 刷 有 限 公 司 印 刷
ISBN　978-7-100-23902-8

2024年7月第1版　　　开本 889×1194　1/32
2024年7月第1次印刷　　印张 4 1/2

定价：30.00 元